Thomas Hobbes
- 'The Leviathan' / ... government
  only means of ... a security
  ↳ derived from "social contract"

Wars of the Roses - civil war 1455-85
- houses Lancaster (red R.) & York (white R.)
- both claim throne (descent from Edward III's sons)
- Henry VI insane

Gordon riots: anti-catholic riots 1780
  Gordon imprisoned → Newgate

- Robert Walpole - Whig party
  - regarded as first "prime minister" (1715-17, 1721-42)
  - First lord of the Treasury
  - chancellor of the Exchequer

- Leveller: democratic republican 17th century

- Jacobite - supporter of royal house of Stuart after
  deposition James II 1688.
  (incl. · scottish Highlanders under Claverhouse
         · Scotland + N. England under James Edward Stuart,
           = the Old Pretender (1715)
  Jacobite defeat: Culloden 1746

- Chartism - democratic movement (mainly working class)
  ~ 1838-50
  ↳ based on People's Charter: 6 points:
    - universal male suffrage, equal electoral districts,
      secret ballot, annual parliaments, abolition of
      property qualification, payment of members of Parliament

7 years' war - 1756-63  (+ Treaty of Paris)
  Austria ⇔ Prussia; Britain ⇔ France
  over colonial supremacy
  Britain → India, French colonies (incl. Canada)

Amer. Independence: 4.7.1776 (incl. Thomas Jefferson, Benjamin Franklin)
  adopted by representatives of 12 colonies

Das Buch bietet einen gedrängten Überblick über die Geschichte Englands von der angelsächsischen Zeit bis zur Gegenwart. Im Zentrum der Darstellung steht die Sozial- und Verfassungsgeschichte, weil sich auf diese Weise besonders deutlich machen läßt, wodurch sich die Geschichte Englands von der der kontinentaleuropäischen Staaten unterscheidet. Aber selbstverständlich wird auch die politische Geschichte behandelt. Ein eigener Abschnitt ist dem Empire, seiner Entwicklung zum Commonwealth und dem Prozeß der Dekolonisation gewidmet. Die Schlußkapitel behandeln das heutige Großbritannien mit seinen spezifischen politischen, sozialen und wirtschaftlichen Problemen. Eine ausführliche kommentierte Bibliographie ermöglicht selbständige Weiterarbeit.

*Hans-Christoph Schröder*, geb. 1933, ist Professor emer. für Neuere Geschichte an der TU Darmstadt. Zahlreiche Veröffentlichungen vor allem zur Geschichte Englands, Nordamerikas und zur Revolutionsgeschichte.
Bei C.H. Beck ist von ihm erschienen: Die Amerikanische Revolution (1982); George Orwell. Eine intellektuelle Biographie (1988).

# Hans-Christoph Schröder

# ENGLISCHE GESCHICHTE

sinecure - any paid office with few or no duties attached
oligarchy - rule of the few, in their own interests
dirigisme - state control of economic & social affairs

57 = Indian Mutiny = Sepoy Rebellion [soldiers]
  Oudh : region N. India, independent kingdom before
         Mogul + 1732 - 1856
         capital Lucknow
    1902 : United Provinces of Agra and Oudh
      ↳ 1950 renamed Uttar Pradesh
6 (Oct - Dec) Suez Crisis
  - nationalization Suez Canal by Pr. Nasser
  → Israel attacks + British + French
  - protest Soviet, US non-support
  ↳ resignation Anthony Eden (Conserv., successor of Churchill)
write of discontent, lots of strikes, (public sectors
   increasing pay demands)
  under Leonard / James Callaghan (Labour)
6 : big General Strike (PM Baldwin, Cons.) "coal unions:
  - after Samuel Report (royal commission)
    should have cut in wages + longer hours)
  eventually 2 mio. workers on strike
  • 1927 Trades Disputes Act → general strikes = illegal
8/89 Glorious Revolution; removal James II (Catholic)
   from throne;
   joint sovereigns William of Orange (protestant, Netherlands)
                                      + Mary (daughter of Catholic)
  → new constitutional settlement (Bill of Right 1689)
  → ascendency (governing power) of parliamentary
     power over sovereign rule.

Verlag C.H. Beck

*Ernst-Peter Wieckenberg*
*zum 23. März 1995*

---

Die Deutsche Bibliothek – CIP-Einheitsaufnahme

*Schröder, Hans-Christoph:*
Englische Geschichte / Hans-Christoph Schröder. –
Orig.-Ausg. – 3., überarb. Aufl. – München: Beck, 2000
  (Beck'sche Reihe ; 2016 : C. H. Beck Wissen)
  ISBN 3 406 41055 3

---

Originalausgabe
ISBN 3 406 41055 3

Dritte, überarbeitete Auflage. 2000
Umschlagentwurf von Uwe Göbel, München
© Verlag C. H. Beck oHG, München 1995
Gesamtherstellung: C. H. Beck'sche Buchdruckerei, Nördlingen
Printed in Germany

*www.beck.de*

# Inhalt

Vorwort .................................... 7
- I. Die mittelalterlichen Grundlagen des englischen Staates und der englischen Freiheit ......... 9
- II. Die Ambivalenz der Tudorherrschaft ......... 21
- III. Das revolutionäre Jahrhundert ............ 28
- IV. Die parlamentarische Monarchie ........... 33
- V. Adel, Bürgertum und Unterschichten ........ 37
- VI. Die erweiterte Adelsherrschaft ............ 51
- VII. Die Demokratisierung und die Entwicklung zum Sozialstaat .......................... 64
- VIII. Vom Empire zum Commonwealth ......... 78
- IX. Der Thatcherismus und die Abkehr von der Konsenspolitik ........................ 90
- X. Frühe Modernität und die Kraft der Beharrung. Ein Rückblick ........................ 101

Anmerkungen ............................. 105
Literaturübersicht ........................... 117
Regententabelle ............................ 129
Namen- und Sachregister ..................... 131

# Vorwort

Diese Arbeit erhebt nicht den Anspruch, mit den bereits vorliegenden, viel umfangreicheren Büchern über die Geschichte Englands von Kluxen, Wende, Krieger, Haan und Niedhart in Konkurrenz zu treten.[1] Der Verfasser hofft jedoch, den besonderen Vorteil genutzt zu haben, den die räumliche Beschränkung der Reihe „C. H. Beck Wissen" bietet. Sein Bemühen war es, durch die konzentrierte Form der Darstellung große Entwicklungslinien und Grundfragen besonders deutlich hervortreten zu lassen und sie durch signifikante Details zu illustrieren.

Danken möchte ich Dorit Kasper für die rasche und umsichtige Fertigstellung des Manuskripts. Meiner Darmstädter Kollegin Natalie Fryde danke ich für die Durchsicht des Mittelalterteils, Hans Kastendiek und Karl Rohe für die hilfreiche Kritik an einer früheren Fassung des Manuskripts. Mein besonderer Dank aber gilt wieder Ernst-Peter Wieckenberg. Ihm widme ich dieses Buch, das er mit großem Engagement betreut hat.

*Darmstadt, im Juli 1995*   *Hans-Christoph Schröder*

# Zur 3. Auflage

Die Neuauflage dieses Buches wurde wiederum aktualisiert. Dabei sind vor allem die konstitutionellen Reformen der Regierung Blair kritisch beleuchtet worden.

*Darmstadt, im Mai 2000*   *Hans-Christoph Schröder*

# I. Die mittelalterlichen Grundlagen des englischen Staates und der englischen Freiheit

Eine durch schriftliche Überlieferung gesicherte und an den fortwirkenden Institutionen erkennbare englische Geschichte beginnt mit dem Eindringen der Angelsachsen in England im 5. und 6. Jahrhundert, das Teil des umfassenden Vorgangs der Völkerwanderung gewesen ist. Die Angelsachsen, die sich offenbar mit den dort lebenden Kelten zunächst kaum vermischten, gestalteten die politisch-territoriale Organisation des Landes. Sie bildeten Königreiche, von denen im ausgehenden 9. Jahrhundert Wessex die Hegemonie erlangte. Unter Alfred dem Großen, der von 871 bis 899 König von Wessex war, erfolgte im Zusammenhang mit dem Kampf gegen die eingefallenen Wikinger die Zusammenfassung von ganz England außerhalb des von den Dänen besetzten Gebietes im Nordosten. Auf einem Silberpfennig der Zeit ist Alfred mit dem Titel „Rex Anglorum" abgebildet.

Im England des 10. Jahrhunderts bildete sich eine königliche Autorität heraus, die umfassender und intensiver war als in irgendeinem anderen zeitgenössischen europäischen Land. Ein wichtiges Indiz für die vergleichsweise zentralisierte und effiziente englische Verwaltung dieser Zeit ist das einheitlich geregelte Münzwesen, das gegen Ende der angelsächsischen Periode das fortgeschrittenste in Europa war. Es gab keine von Territorialherren geprägte Münzen wie in Deutschland und Frankreich. Dabei war die Gestaltung des Münzwesens charakteristisch für das nach dem Prinzip des „self-government at the king's command" gestaltete englische Regierungssystem mit seiner *Zentralisierung* der Zuständigkeiten einerseits, seiner *Dezentralisierung* und *Delegation* der praktischen Aufgaben andererseits. Das Münzwesen unterstand allein dem König und wurde von ihm kontrolliert; die Prägung der Münzen erfolgte dagegen in einer Vielzahl von Orten. Das geschriebene und gesiegelte „writ" – ein kurzer königlicher Befehl, der sowohl in der Verwaltung als auch im Rechtswesen benutzt wurde – war ebenfalls ein höchst effizientes, anderswo nicht vorhandenes Instrument der Zentralgewalt und ein Beleg für die Macht des englischen Königtums.

Ein Grund dafür, daß die Zentralgewalt und das Königtum in England so stark waren, ist in der Geographie zu suchen. Das Land war vom territorialen Umfang her nicht zu groß, so daß seine Zusammenfassung und Verwaltung die damals gegebenen Möglichkeiten nicht überstiegen. Obwohl die angelsächsischen Könige ihre Zeit zumeist im Süden des Landes verbrachten – Winchester und London wurden die wichtigsten Zentren des Landes –, waren auch die anderen Landesteile für den König durchaus leicht erreichbar.

Neben den günstigen geographischen Voraussetzungen spielte aber auch die äußere Bedrohung bei der Stärkung der Zentralgewalt und der staatlichen Organisation des Landes eine wichtige Rolle. Die Einfälle der Wikinger haben durch die von ihnen geforderten Tribute ebenso wie durch die von ihnen provozierte Abwehrreaktion in diese Richtung gewirkt. Die Zahlungen, die den Angelsachsen auferlegt wurden, führten 865 zur Erhebung des sog. „danegelds", welches die erste dauerhafte nationale Steuer wurde. Die zentralisierende Wirkung der Verteidigungsanstrengungen wird an dem System von mehr als dreißig befestigten Plätzen deutlich, mit denen Alfred d. Gr. Wessex umgeben ließ. Diese „burhs" (ein dem deutschen Wort „Burg" verwandter Begriff, aus dem sich später die allgemeine Bezeichnung „borough" für Städte oder Marktflecken entwickelte) mußten jeweils von ihrem Umland bemannt und finanziert werden.

Die Erfüllung solcher, dem örtlichen Bereich zugewiesenen Aufgaben setzte eine ausgebildete und funktionierende Lokalverwaltung voraus. Diese ist denn auch über Jahrhunderte hinweg *neben* und *komplementär* zu der Macht der Zentralgewalt ein charakteristisches Merkmal der englischen Geschichte gewesen. Das „Prinzip der Selbstregierung", das nach dem Urteil Rankes in England „von jeher" viel kräftiger war als auf dem Kontinent[1], wurde in einem relativ gut geordneten System auf verschiedenen Ebenen wirksam. Die oberste

Ebene bildeten die „shires", die später „counties" genannt wurden und mit dem Wort „Grafschaften" ins Deutsche übersetzt werden. Bereits gegen Ende des 9. Jahrhunderts war das Königreich Wessex in „shires" unterteilt. Im 10. und frühen 11. Jahrhundert wurde diese territoriale Gliederung auf ganz England ausgedehnt, das schließlich 37 „shires" umfaßte. Die „shires" waren ihrerseits in „hundreds" oder „wapentakes" unterteilt. Die kleinste Einheit der englischen Lokalverwaltung war das „vill" oder „tun", die Gemeinde.

Die „shire courts" waren neben der Monarchie die wichtigste Institution des angelsächsischen England. Sie traten zweimal jährlich unter dem Vorsitz von Grafen und Bischöfen oder deren Vertretern zusammen. Sie besaßen eine unbegrenzte Fülle von rechtlichen und verwaltungsmäßigen Funktionen. Prinzipiell waren alle Freien zur Teilnahme an den „shire courts" verpflichtet. Die weniger bedeutenden Angelegenheiten wurden von den „hundred courts" behandelt. Darunter gab es noch das „tithing", eine Gruppe von zehn Männern, die füreinander hafteten und sich bei Verfehlungen oder der Flucht eines von ihnen vor dem „hundred court" zu verantworten hatten. Insgesamt besaß das angelsächsische England ein für die damalige Zeit bemerkenswert einheitliches Gerichtssystem, in dem zwar nach dem jeweiligen lokalen Recht geurteilt wurde, wo der König aber jederzeit eingreifen konnte. Erst um die Mitte des 10. Jahrhunderts erhielten Grundherren („lords") in größerem Umfang vom König wichtige jurisdiktionelle Befugnisse, die jedoch stets als delegierte Rechte verstanden wurden. In England hat der Monarch grundsätzlich niemals den Anspruch aufgegeben, der direkte Herrscher über sein gesamtes Königreich zu sein.

Die in angelsächsischer Zeit vorgenommene, für Rechtsprechung und Verwaltung maßgebliche, gebietsmäßige Gliederung des Landes hat offenbar einen Vorgang gefördert, den man als Territorialisierung des Lebenszusammenhangs bezeichnen kann. Blutsmäßige Bande traten gegenüber der durch das räumliche Zusammenleben und die nachbarschaftliche Gemeinschaft geschaffenen Zusammengehörigkeit zurück. Die Engländer betrachteten sich in vieler Hinsicht eher als die Bewohner eines Gebietes und als Mitglieder einer nicht durch Verwandtschaft konstituierten lokalen Gemeinschaft denn als Angehörige einer Sippe.[2] Der Individualismus, das individuelle Privateigentum und die Kernfamilie haben sich in England offenbar früher und ausgeprägter entwickelt als anderswo,[3] da dort wegen der relativ starken territorialen Organisation und befriedenden monarchischen Gewalt die Schutzfunktion größerer, blutsmäßig miteinander verbundener Personengruppen weniger notwendig war. Der Historiker W. L. Warren hat darauf hingewiesen, daß die englische Sprache kaum Möglichkeiten bietet, über die Kernfamilie und über zwei oder drei Generationen hinaus Verwandtschaftsbeziehungen genau zu beschreiben.[4]

Die vergleichsweise machtvolle Stellung der englischen Monarchie wurde durch die normannische Eroberung im Jahre 1066 noch verstärkt. Wilhelm war der Eroberer des Landes. Er brachte aus der Normandie das Lehnswesen nach England und stärkte seine Königsherrschaft dadurch, daß er zugleich oberster Lehnsherr wurde. Er war es in einem radikaleren Sinne, als es in der Normandie oder in irgend einem anderen Teil Europas der Fall war. Der König war nämlich rechtlich gesehen nach der Eroberung bzw. nach der Niederschlagung der gegen ihn gerichteten Aufstände der alleinige Inhaber des gesamten Bodens in England. Es gab keinen Allodialbesitz, kein volles Eigentum mehr. Die Besitzrechte aller Grundherren leiteten sich direkt oder indirekt vom König her. Der radikale Utopist Gerrard Winstanley hat später in der Englischen Revolution daraus die logische Konsequenz gezogen, daß mit der Abschaffung der Monarchie auch alle Besitztitel am Land hinfällig geworden seien. Der Beseitigung des Königtums, argumentierte Winstanley, müsse auch die der Grundherrschaft folgen.[5]

England wurde mit dem Jahr 1066 zugleich das *am meisten* und das *am wenigsten* feudalisierte Land Europas. Es war am meisten feudalisiert, insofern dort jeglicher Landbesitz in den feudalen Nexus einbezogen war. Es war am wenigsten feudalisiert, weil dort die Macht der Feudalherren gegenüber der Zentralgewalt am schwächsten war, eine staatlich-öffentliche Gewalt mit ihren Strukturen weiterbestand und die vorrangige Treueverpflichtung gegenüber dem König ausdrücklich festgehalten wurde. Das feudale System wurde der bestehenden, territorial-nachbarschaftlichen Struktur aufgepfropft, hat sie jedoch nicht verdrängt. Der Monarch war der feudale Oberherr, gleichzeitig aber auch wie vor ihm der angelsächsische König ein Herrscher, der in einer unmittelbaren Beziehung mit seinen Untertanen verbunden war, die ihm direkt unterstanden und Gehorsam schuldeten.[6] So bestand die allgemeine militärische Gefolgschaftsverpflichtung neben der besonderen Pflicht der Vasallen zur militärischen Hilfeleistung fort.

Ein Dokument nicht nur der Macht und des Machtanspruchs, sondern auch der Effizienz des normannischen Herrschaftssystems in England ist das berühmte Domesday Book von 1086. Als einer Art von nationalem Kataster ist ihm trotz seiner Unvollständigkeit im zeitgenössischen Europa nichts an die Seite zu stellen.[7] Es gelang den normannischen Königen Englands auch, einige für Westeuropa bemerkenswert frühe Methoden zentraler Verwaltung zu entwickeln. In bezug auf das Finanz- und Rechtswesen besaßen sie nach dem Urteil der englischen Historikerin Chibnell gegenüber Flandern, Frankreich oder Katalonien einen Vorsprung von mindestens einer Generation und standen nicht einmal hinter Sizilien zurück, das an die byzantinische Verwaltungstradition anknüpfen konnte.[8] Zu ihren wegweisenden Neuerungen gehörte die am Beginn des 12. Jahrhunderts eingeführte regelmäßige, jährlich an einem bestimmten Ort stattfindende Abrechnung der königlichen Finanzen im „Exchequer", die mit Hilfe eines leicht verständlichen Rechensystems vorgenommen wurde. Der französische König hat eine solche zentrale Rechnungslegung erst gegen Ende des 12. Jahrhunderts angewandt.[9]

Auf die normannischen Herrscher (1066–1154) folgte die angevinische Dynastie (1154–1272), deren Reich sich nicht auf Eroberung, sondern auf dynastische Verbindungen gründete. Es umfaßte neben dem englischen Territorium einen großen Teil Frankreichs und hatte seinen Schwerpunkt an der Loire. Daß sich die angevinischen Herrscher sehr stark außerhalb Englands engagierten, war eine der Ursachen der Magna Carta von 1215. König Johann, der zur Finanzierung der Kriegführung auf dem Kontinent in England harte Maßnahmen angewandt hatte und durch den Ausgang der Schlacht von Bouvines in seiner Position geschwächt worden war, sah sich bei seiner Rückkehr nach England einer Opposition der Magnaten gegenüber. Er unterlag im Kampf mit ihnen und mußte die Magna Carta gewähren.[10] Sie ist, nach ihrer Zurücknahme durch Johann, in einer entschärften Fassung im Jahre 1225 durch Heinrich III. erneuert worden, wurde bis zum 17. Jahrhundert insgesamt 32 mal bestätigt oder neu bekräftigt und seit dem 13. Jahrhundert wiederholt einer größeren Öffentlichkeit bekanntgemacht.[11] Nicht zuletzt dadurch hat sie sich tief in das Bewußtsein der Engländer eingegraben.

Die Magna Carta enthielt unter ihren heterogenen, ganz verschiedene Gravamina berücksichtigenden 63 Artikeln Punkte, die nur für die Magnaten bedeutsam waren. Darüber hinaus gab es jedoch auch Artikel, die schichtenübergreifende Relevanz besaßen. Dazu gehörte die Erklärung, daß (abgesehen von einigen aufgezählten Ausnahmen) keine Steuer ohne gemeinsame Beratung des Königreiches erhoben werden durfte. Von allgemeiner Bedeutung war vor allem der Rechtsschutz, den die Artikel 39 und 40 gewährten: Jeder „liber homo" konnte nur durch das rechtmäßige Urteil von seinesgleichen aufgrund des Gesetzes des Landes verhaftet, geächtet oder verbannt werden. Der König durfte niemandem die prompte Gewährung von Recht und Gerechtigkeit versagen. Besonders diese beiden Artikel wurden zu unverrückbaren Bezugspunkten des englischen Freiheits- und Rechtsdenkens.

Es ist oft darauf hingewiesen worden, daß die von König Johann gewährte Magna Carta nicht völlig singulär war, vielmehr im zeitgenössischen Europa manches Gegenstück in anderen Ländern hatte (z.B. das Privilegio General in Aragón oder die Goldene Bulle in Ungarn). Fraglos enthielt die

Magna Carta auch einige allgemeine Grundsätze des mittelalterlichen Europa: das Recht auf die Aburteilung durch seinesgleichen, das Widerstandsrecht bei Rechtsbrüchen des Monarchen, die Ablehnung des Kriegsdienstes außerhalb des Landes und vor allem das Prinzip, daß der König in Übereinstimmung mit den Gesetzen des Landes handeln müsse. Einzigartig an ihr war jedoch die Tatsache, daß die Magna Carta *überständisch* und *überregional* war;[12] daß die in ihr gewährten Privilegien nicht die Form adliger oder provinzieller Immunität und städtischer Unabhängigkeit annahmen, sondern *allgemeinen* Charakter hatten und auf die generelle Kontrolle der Zentralgewalt gerichtet waren. Die eine Trennung der Stände transzendierende, allgemeine Gültigkeit der Magna Carta hat bereits Leopold von Ranke als etwas ihr Eigentümliches und als Unterschied gegenüber anderen Rechtserklärungen der Zeit gesehen. In seiner „Englischen Geschichte" schreibt er: „Auch in anderen Ländern haben sich Kaiser und Könige in dieser Epoche zu sehr umfassenden Bewilligungen an die verschiedenen Stände herbeigelassen: das Unterscheidende in England ist, daß sie nicht jedem Stande für sich, sondern allen zugleich gemacht wurden. Während nun anderwärts jeder Stand für sich selbst sorgte, bildete sich hier ein gemeinschaftliches Interesse aller, welches sie auf immer zusammenband."[13]

Diese für die englischen Monarchen letztlich nachteilige Besonderheit ging paradoxerweise vor allem auf die relativ große Macht des Königtums in England und seine vereinheitlichende Kraft zurück. Die von den königlichen Gerichten betriebene Durchsetzung des Common Law als eines Nationalrechts gegenüber lokalen, regionalen und feudalen Besonderheiten führte dazu, daß auch im Konflikt mit der Krone im geringeren Maße als in anderen Ländern partikulare Rechte beschworen wurden. Die starke Stellung des Königs und seiner Gerichtsbarkeit hatten nach dem Urteil der englischen Historikerin Susan Reynolds zur Folge, daß es „relativ wenig an grundherrlicher Gerichtsbarkeit zu schützen (gab), während ein relativ großer Teil der Bevölkerung häufig und direkt den Bedrückungen durch königliche Amtsträger ausgesetzt war".[14]

Der in der Magna Carta enthaltene Grundsatz, daß keine Steuer ohne gemeinsame Beratung des Königreiches erhoben werden dürfe, hat überdies zur Herausbildung des englischen Parlaments entscheidend beigetragen. Hier ergab sich ein weiteres Eigeninteresse des Monarchen an einer repräsentativen Institution, das zu seinen anderen Interessen an einer solchen Versammlung hinzutrat. Denn die Entstehung des Parlaments um die Mitte des 13. Jahrhunderts ist zunächst und vor allem anderen auf die Bedürfnisse des Königs zurückzuführen. Ihm mußte daran gelegen sein, daß Männer aus den verschiedenen Landesteilen ihn einerseits mit Informationen versorgten und ihm ihre Beschwerden vortrugen, andererseits die Wünsche und Anordnungen des Monarchen bei sich zu Hause bekannt machten und seine Politik erklärten.

Da das englische Parlament aus der „curia regis" (dem Großen Rat des Königs) hervorging, läßt sich sein definitiver Beginn, sein historischer Anfang als einer feststehenden Einrichtung, nicht genau bestimmen. Sehr oft wissen wir von einem im 13. oder 14. Jahrhundert tagenden Gremium nicht, ob es ein Großer Rat oder ein Parlament war. Von entscheidender Bedeutung war jedenfalls die Hinzuziehung von Vertretern der „shires" und „boroughs", die sie offenbar ausschließlich ihrer Unentbehrlichkeit für die Steuerbewilligung verdankten. An dem Parlament des Jahres 1290 kann man besonders deutlich erkennen, daß dies der Punkt war, von dem aus die „Gemeinen" („commons") eindrangen. Eine zunächst nur aus Magnaten bestehende parlamentarische Versammlung hatte bereits von April bis Juli getagt und eine Fülle von Maßnahmen beschlossen. Zu der vom König gewünschten Steuer gaben die Versammelten ihre Zustimmung jedoch nur, „insoweit sie dazu berechtigt waren". Diese ausdrückliche, von ihnen selber ausgehende Einschränkung des Repräsentationsanspruchs der Magnaten machte die Beteiligung von Vertretern der „shires" und „boroughs" notwendig, die dann Mitte Juli zum Parlament hinzustießen. Aus den „commons" als einem zunächst nur aus Gründen der Steuerbewilligung hinzugezogenen ergänzenden Element wurden dann im 14. Jahrhundert die eigentlichen Repräsentanten des Landes, die man als die wichtigsten Verteidiger seiner Interessen ansah.

Der Zusammenhang von Parlament und Besteuerung war für die parlamentarische Entwicklung von einer gewissen Ambivalenz. Daß Parlamente für die Steuerbewilligung notwendig waren, hat einerseits die Herausbildung der Institution Parlament gefördert, weil die Finanznöte der Monarchen und zumal die Kriegführung immer wieder zu ihrer Einberufung zwangen. Andererseits hat es sie aber auch behindert, weil Könige, die eine weniger kostspielige Politik verfolgten bzw. sich andere Einnahmequellen erschlossen, Parlamente vernachlässigen konnten. Statute aus den Jahren 1330 und 1362 legten zwar fest, daß mindestens einmal jährlich ein Parlament stattfinden sollte, wurden aber nur vorübergehend beachtet. Die jeweiligen Bedürfnisse der Monarchen gaben letztlich den Ausschlag dafür, ob ein Parlament einberufen wurde oder nicht. Negativ für die Entwicklung des Parlaments war die Schlüsselstellung des Steueraspekts aber auch deshalb, weil die Nichteinberufung bedeutete, daß keine Steuern zu zahlen waren – also von der Bevölkerung durchaus positiv gesehen werden konnte. Hinzu kam, daß wegen der Zahlung recht erheblicher Sitzungsgelder an die Abgeordneten durch ihre „shires" und „boroughs" Parlamente auch unter diesem Gesichtspunkt eine finanzielle Belastung bedeuteten. Städte, die – etwa durch den Bau von Stadtmauern – finanziell stark belastet waren, beantragten oft eine vorübergehende Befreiung von der Repräsentationspflicht. Dieser Faktor verlor jedoch in dem Maße an Bedeutung, wie ein Sitz im Parlament an Prestige gewann, was bereits im 15. Jahrhundert weithin der Fall war. Ehrgeizige oder auf ihr Ansehen bedachte Angehörige des niederen Adels („gentry") waren gern bereit, auf eigene Kosten die Vertretung der „boroughs" im Parlament zu übernehmen, so daß schließlich bereits am Ende des Mittelalters ein großer Teil der Städte von Abgeordneten aus der „gentry" „repräsentiert" wurde und das Parlament in seiner Gesamtheit immer mehr einen adligen Charakter erhielt. Zusätzliche Sitze für „boroughs" sind sogar eigens für den Zweck geschaffen worden, die Nachfrage unter dem niederen Adel in den Grafschaften zu befriedigen.

Für die Monarchen lag der Vorzug der Bewilligung von Steuern durch das Parlament vor allem darin, daß die Abgeordneten durch ihre Zustimmung die jeweiligen „shires" oder „boroughs" banden und zur Zahlung verpflichteten. Allerdings konnte es anfangs vorkommen – obwohl in England nicht die stark eingeschränkte *ständische* Repräsentation, sondern die umfassende Repräsentation im Sinne der 1290 und 1294 vom König ausdrücklich geforderten *plena potestas* galt –,[15] daß Abgeordnete vor der Gewährung von Geldern in den Grafschaften Rückfrage hielten. Es konnte auch geschehen, daß ein „county court" beschloß, nur einen Teil des auf die Grafschaft entfallenden Steueranteils zu zahlen. Insgesamt ist es jedoch eindrucksvoll, wie sehr das Parlament von England bereits im Mittelalter dem Gedanken einer gesamtstaatlichen Gemeinschaft Ausdruck gab. Es entstand, wie Otto Brunner formuliert, „seit der Mitte des 14. Jahrhunderts die Idee der communitas regni Angliae als Gesamtgenossenschaft aller communitates des Königreiches, die tatsächlich England sind, da der Feudalisierungsprozeß hier die Amtsbezirke nicht zerrissen hatte. Damit hören aber die Abgeordneten der communitates auf, ihre communitas zu vertreten. Nun repräsentieren sie alle insgesamt die communitas regnis Angliae."[16] In Frankreich ist dagegen der Gedanke einer Gesamtrepräsentation erst mit der Umwandlung der Generalstände in eine Nationalversammlung im Jahre 1789 verwirklicht worden.

Zusammenfassend läßt sich sagen, daß sich England schon im Mittelalter durch eine relativ starke Staatsgewalt und eine – abgesehen von den Grenzgebieten im Westen und Norden – vergleichsweise intensive territoriale Integration auszeichnete. Der französische Historiker Marc Bloch spricht in seinem Buch über die Feudalgesellschaft vom mittelalterlichen England als einem „bemerkenswert vereinheitlichten Land" mit einer „starken Verwaltungstradition".[17] Es kam dort nicht, trotz gewisser Ansätze unter König Stefan im 12. Jahrhundert sowie um die Mitte des 13. Jahrhunderts, zur Herausbildung einer Territorialherrschaft. Es entstand kein Landesfürstentum wie in Deutschland.

Die von der Monarchie ausgehende zentralisierend-vereinheitlichende Tendenz kam jedoch nicht nur ihr selber zugute. Sie stärkte vielmehr auch, wie gezeigt wurde, das Parlament als ihren potentiellen Gegenspieler. Dieses konnte sich später im 17. Jahrhundert bei Auseinandersetzungen mit dem König im Unterschied zu anderen, bloß ständisch-partikularen Repräsentativversammlungen glaubhaft als Vertretung der Gesamtheit darstellen. Auch hatten die Durchsetzung des Common Law als eines Nationalrechts sowie die Anerkennung allgemeiner Rechtsgrundsätze durch die Magna Carta zur Folge, daß bei Rechtsverletzungen durch die Krone die allgemeinen Rechte freier Engländer und keine partikularen Rechte beschworen wurden. Die Stärke oppositioneller Bewegungen gegen monarchische Übergriffe ist wegen der damit gegebenen Möglichkeit einer breiten Identifikation vergrößert worden.

Von der zentralisierend-vereinheitlichenden Prägekraft der englischen Monarchie – die auch in der Zeit ihrer vorübergehenden Schwäche während der sog. Rosenkriege des 15. Jahrhunderts nicht gänzlich ausgelöscht wurde – ging eine paradoxe Wirkung aus. Die frühe Stärke einer durch die lokale Selbstverwaltung abgestützten monarchischen Gewalt und die Selbstverständlichkeit gesamtstaatlichen Zusammenhalts haben dazu beigetragen, daß in der Folgezeit die für andere Monarchien charakteristischen und sie stärkenden Erscheinungen wie ein stehendes Heer und eine große Bürokratie in England lange Zeit nicht erforderlich waren und sich erst sehr spät herausbildeten. Das geringe Maß an staatlicher Durchorganisation im England der frühen Neuzeit war möglich, weil der englische Staat des Mittelalters vergleichsweise stark entwickelt gewesen war. In ähnlicher Weise läßt sich die geringe Wirkung der Ideen von Thomas Hobbes in England erklären. Der Gedanke von der Notwendigkeit einer unbeschränkten Herrschaft des Souveräns war dort wenig anziehend, weil die befriedende Kraft der traditionellen Verfassungsordnung in der Regel groß genug war. Absolutistische Lehren konnten in England weniger als Möglichkeiten eines Auswegs aus dem Bürgerkrieg, sondern eher als Ursachen einer Bürgerkriegssituation erscheinen.[18]

## II. Die Ambivalenz der Tudorherrschaft

Während der Herrschaft der Tudors (1485–1603) war die Politik der Monarchen vor allem darauf gerichtet, „overmighty subjects" zu entmachten und eher den niederen Adel zu bevorzugen. Der „Königsmechanismus" (Elias) und die Patronage wurden eingesetzt, um möglichst viele Adlige des Landes direkt an den Hof zu binden. Die Monarchie verstand es überdies, den König zur alleinigen „Quelle von Ehre" zu machen. Das galt auch in dem ganz konkreten Sinn, daß seit 1530 sein heraldisches Amt allein dafür zuständig wurde, Adelswappen zu überprüfen und zu verleihen.[1] Die Position des Monarchen wurde ferner durch die Ordnungspropaganda und den Gehorsamskult der Tudors gestärkt, die nicht müde wurden, auf die blutig-wirre Zeit der Rosenkriege zu verweisen und sich als Retter aus der Anarchie sowie als alleinige Garanten des inneren Friedens darzustellen. Diese Tendenz spiegelte sich während der spätelisabethanischen Zeit auch in einigen Dramen Shakespeares wider.

Bei der starken Betonung des Ordnungsgedankens und der Gehorsamspflicht gegenüber dem Monarchen handelte es sich freilich zugleich um eine ideologische Kompensation der physischen Schwäche königlicher Gewalt, die dazu zwang, Stellung und Bedeutung des Monarchen um so mehr hervorzuheben. Es gab, abgesehen von einigen Hundert Mann Leibgarden und Festungsbesatzungen, kein stehendes Heer. Auch die von der Zentralgewalt besoldete und ihr hauptberuflich dienende Beamtenschaft war zahlenmäßig gering. Die Regierungsbürokratie umfaßte unter Elisabeth I. gegen Ende des 16. Jahrhunderts 1200 Ämterinhaber. Davon verwaltete die eine Hälfte die Kronländereien, die andere Hälfte die übrigen Zweige der Administration. Damit kam ein königlicher Beamter auf etwa 3000 Einwohner, während in Frankreich ein bezahlter Beamter auf ungefähr 400 Einwohner kam.[2] Der Vergleich ist zwar etwas problematisch, weil in Frankreich wegen der dort verbreiteten und in England kaum praktizierten Ämterkäuflichkeit viele dieser Ämter nur Sinekuren waren, die der Effektivität der Staatsgewalt nichts hinzufügten. Dennoch machen die Zahlen die Schwäche der zentralen Regierungsbürokratie in England deutlich.

Die Verwaltung und die Gerichtsbarkeit beruhten im wesentlichen auf den von der Krone zwar eingesetzten, von ihr aber nicht besoldeten, sondern ihr Amt unbezahlt ausübenden „Justices of the Peace". Diesen aus dem Adel entnommenen Friedensrichtern wurden im Zusammenhang mit dem zunehmenden wirtschaftlich-sozialen Interventionismus der Krone in einer Zeit drastischer Bevölkerungsvermehrung mit den sie begleitenden Ordnungsproblemen immer mehr Aufgaben aufgebürdet. Sie waren schließlich für die Anwendung von mehr als 300 Gesetzen zuständig. Von der Instandhaltung der Brücken und Straßen über die Kontrolle der Armenfürsorge und des Lehrlingswesens bis zu Erteilung von Schanklizenzen hatten sie eine Fülle von Obliegenheiten wahrzunehmen. Daß sich die Zahl der Friedensrichter im 16. Jahrhundert verdreifachte, läßt sich jedoch nicht allein auf ihre wachsenden Aufgaben zurückführen; denn nur etwa die Hälfte der „Commission of the Peace" war wirklich aktiv. Mindestens ebenso wichtig waren das wachsende Prestige und die Anziehungskraft des Amtes auf den Adel.

Die Monarchen nahmen Einfluß auf die „Commission of the Peace" in den Grafschaften, indem sie Mitglieder des sich zu einer Art Regierung entwickelnden Privy Council sowie dem Hof nahestehende Männer in die „counties" schickten und zu Friedensrichtern machten, um die Gesichtspunkte und Interessen der Zentralgewalt im örtlichen Bereich zur Geltung zu bringen. Sie entsandten auch spezielle Beauftragte mit besonderen Zuständigkeiten, unter denen die mit militärischen Vollmachten versehenen „lords lieutenant" wegen der ständigen Kriegführung in den letzten zwei Jahrzehnten der Herrschaft Elisabeths zu einer permanenten Einrichtung wurden und an die Spitze der Grafschaftsverwaltung traten. Aber obwohl die in dieses Amt berufenen Aristokraten aufgrund ihrer militärischen Funktion zahlreiche Befugnisse und Eingriffsmöglichkeiten besaßen und in ihrer Person das Prestige der Krone symbolisierten, waren sie bei ihrer Tätigkeit doch letztlich auf die Kooperation der Friedensrichter angewiesen.

Die Grenzen der Zentralgewalt in England werden somit selbst unter den starken Monarchen der Tudorzeit deutlich. Einerseits bedurfte die Regierung bei der konkreten Verwirklichung ihrer Anordnungen stets der Mitwirkung der „Justices of the Peace", die in all den Fällen schwer zu erreichen war, wo sie deren Interessen oder Ansichten zuwiderliefen. Andererseits war auch die Freiheit der Krone bei der Auswahl der Friedensrichter stark eingeschränkt. Sie mußte dafür angesehene und einflußreiche Adlige einer Grafschaft auswählen, denn nur solche verfügten über genügend Prestige, um ihren Entscheidungen Durchsetzungskraft zu verleihen. Einzelne unliebsame Adlige konnte die Regierung von der „Commission of the Peace" ausschließen, aber letztlich folgte das Amt dem Status. Oft war die aus politischen Gründen vollzogene Absetzung eines Friedensrichters denn auch nur vorübergehend.[3]

In der Tudorzeit zeigt sich nicht nur am Friedensrichteramt, sondern mehr noch in bezug auf das Parlament der eigentümliche Sachverhalt, daß die Stärkung der Monarchie in England fast immer zugleich eine Stärkung von potentiellen Gegenkräften und alternativen Einflußzentren bedeutete. Die Position des Monarchen wurde durch die von Heinrich VIII. vollzogene Loslösung von Rom gestärkt. Sie machte den Monarchen zum Oberhaupt der Kirche. Der Monarchie gelang es überdies, sich etwas von deren Heiligkeit anzueignen. Nicht nur die Position, sondern auch die Aura des Königtums war in England nahezu cäsaropapistisch. Es war kein Zufall, daß sich dann sogar chiliastische Erwartungen an den Monarchen als den „godly ruler" knüpften.[4] Andererseits gewann aber durch die „Verstaatlichung" der Kirche auch das Parlament an Bedeutung und Prestige. Eine Schlüsselrolle kam bei diesem Bedeutungszuwachs dem sogenannten Reformationsparlament zu, das 1529 gewählt, aber erst 1536 aufgelöst wurde und mit dem König die Trennung von Rom vollzog. Treffend bemerkt Ranke dazu in seiner „Englischen Geschichte": „In den Tudorprinzipien und Neigungen Heinrichs VIII. lag es nicht, daß er das Parlament aufrief; allein für seine kirchliche Unternehmung war das unentbehrlich."[5] Die Veränderungen in der Kirche wurden auf der Grundlage von Gesetzen vorgenommen, denen das Parlament seine Zustimmung gegeben hatte. Noch nie zuvor hatte ein englisches Parlament ein so riesiges Gesetzgebungsprogramm abgewickelt wie das Reformationsparlament, und bereits dadurch mußte das Gewicht dieser Institution sich vergrößern. Durch die Wichtigkeit der bewältigten Aufgabe und die lange Dauer von sieben Jahren, in der dieses Parlament (mit Unterbrechungen) tagte, wurde ein starkes Selbstbewußtsein und Gefühl der Kontinuität erzeugt.

Der Jurist Sir John Fortescue hatte bereits im 15. Jahrhundert die in England bestehende staatliche Ordnung als ein „dominium politicum et regale" bezeichnet und von dem französischen System eines „dominium regale" unterschieden. In Frankreich, so Fortescue, sei der König der alleinige Gesetzgeber, in England dagegen könnten Gesetze nur mit Zustimmung des Parlaments gemacht oder aufgehoben werden. Heinrich VIII. hat die Charakterisierung der englischen Verfassungsordnung durch Fortescue mit seinem Entschluß zur Ehescheidung von seiner Frau Katharina von Aragon und dem daraus resultierenden Bruch mit Rom ungewollt bekräftigt. Ausgerechnet dieser „massive Titan von einem Souverän" (Lacey Baldwin Smith), der es liebte, sich als starke, allein entscheidende Persönlichkeit darzustellen und der mit seinen brutalen Zügen den Begriff des Tudor-Despotismus zu rechtfertigen scheint, wurde durch die rücksichtslose Durchsetzung einer ganz persönlichen Entscheidung zum Förderer des Parlaments.

Hinzu kam, daß nicht nur das Reformationsparlament, sondern auch ihm folgende Parlamente an den Veränderungen im Bereich der Religion beteiligt waren. Die religiöse Neuordnung nach der Thronbesteigung Elisabeths I. (1558) erfolgte sogar noch eindeutiger auf einer parlamentarischen

Grundlage, als das unter ihrem Vater der Fall gewesen war. Sie stellte darüber hinaus eine Entscheidung in Religionsangelegenheiten auf rein säkularer Basis dar. Der „Act of Uniformity" und der „Act of Supremacy" fanden unter den Bischöfen im Oberhaus nicht einen einzigen Befürworter. Im Unterschied zu den 1530er Jahren, als viele Bischöfe Heinrich VIII. in der Religionsfrage unterstützt hatten, wurde die elisabethanische Kirchenordnung allein von Laien beschlossen. Die Kirchenversammlung („convocation") protestierte sogar ausdrücklich gegen sie. Dieser Tatsache kam für die Frage der Zuständigkeit des Parlaments große Bedeutung zu. Sir Thomas Smith führte in seiner Schrift „De Republica Anglorum" um diese Zeit unter den parlamentarischen Kompetenzen denn auch ausdrücklich auf, es lege „Formen der Religion fest".[6]

Daß der durch die Reformation und die Aufhebung der Klöster dem Monarchen zufallende ökonomisch-finanzielle Gewinn jedoch nicht das Angewiesensein auf Parlamente reduzierte, dafür sorgte die Kriegführung Heinrichs VIII. in den 1540er Jahren. Ende 1545 war er nahezu bankrott. Bis zu seinem Tod waren zwei Drittel des eingezogenen Klosterbesitzes verkauft, wodurch der Adel gegenüber der Monarchie ökonomisch gestärkt wurde. Wegen der Preisinflation, der mangelnden Flexibilität der Kroneinnahmen bei der Anpassung an die steigenden Preise und der überproportional gestiegenen Kriegskosten wurde der Druck auf die Monarchen zur Einberufung von Parlamenten eher größer als geringer.

Obwohl Elisabeth Parlamente nicht schätzte und in ihrer fünfundvierzigjährigen Regierungszeit nur dreizehn einberief (in den drei Jahrzehnten vor ihrem Regierungsantritt war das Parlament achtundzwanzigmal einberufen worden), konnte sie doch aus finanziellen Gründen nicht auf sie verzichten. Mit einer Ausnahme bat sie sämtliche von ihr einberufenen Parlamente um Steuerbewilligungen. Außerdem ist es ausgerechnet der Einfluß ihrer eigenen Minister gewesen, welcher der Institution Parlament zugutekam. Es war die Praktik ihrer engsten Berater, die in entscheidenden Fragen oft schwankende oder störrische Königin mit Hilfe eines Parlaments unter Druck zu setzen. So zögerte z. B. Elisabeth, einer Hinrichtung der sich in ihrem Gewahrsam befindenden Maria Stuart zuzustimmen, da sie von einem starken Gefühl monarchischer Solidarität durchdrungen war. Das bewog ihre Ratgeber, sich 1586 des Parlaments zu bedienen. Es bedurfte jedoch noch einer Verschwörung, an der die schottische Königin tatsächlich oder angeblich beteiligt war, um die Hinrichtung Maria Stuarts am 8. Februar 1587 zu erreichen.[7]

Selbst wenn die Aussichten für ein Fortbestehen der Institution Parlament am Ende des 16. Jahrhunderts nicht ganz eindeutig waren, besaß sie doch in einer Zeit, in der anderswo Repräsentativversammlungen verkümmerten oder beseitigt wurden, in England gute Überlebenschancen. Das Parlament hatte aufgrund intensiver und maßgeblicher gesetzgeberischer Tätigkeit nicht nur eine festere Stellung erlangt, sondern war auch noch stärker mit der englischen Identität verknüpft als im Mittelalter. Vor allem aber war im Zusammenhang mit der religiösen Neuordnung das Konzept des „King-in-Parliament" entstanden – die „parlamentarische Trinität" (Elton) von König, Oberhaus und Unterhaus, bei der die souveräne Gewalt des Landes lag. Die Tatsache, daß im 16. Jahrhundert parlamentarische „statutes" eine den königlichen Proklamationen eindeutig überlegene Qualität erhielten, sprach ebenfalls für seine Unentbehrlichkeit. Sogar Heinrich VIII. erklärte 1542, daß er in seinem Königtum niemals höher stehe, als wenn er im Parlament mit den Lords und Commons zu einem „body politic" verbunden sei.[8]

Selbst wenn man jedoch Oberhaus und Unterhaus – wie maßgebliche Zeitgenossen es taten – neben dem Monarchen als integrale Bestandteile der souveränen Gewalt betrachtete,[9] blieb immer noch die Frage der Machtverteilung zwischen Krone und Parlament ungeklärt. Die Vorstellung von der Souveränität des „King-in-Parliament" ließ offen, wie die Kooperation und Harmonie zwischen den in diesem Begriff zusammengefaßten Organen dauerhaft gewährleistet werden konnte und wo im Konfliktfall das Übergewicht lag. Diese

Fragen stellten sich angesichts des Grundkonsenses zwischen der Königin und den Führungsschichten des Landes und angesichts des Prestiges der Monarchin, das mit dem Sieg über die spanische Armada (1588) seinen Höhepunkt erreichte, nicht in akuter Schärfe. Sie deuteten sich jedoch bereits in der Spätzeit ihrer Herrschaft an, und die nächsten zwei Jahrhunderte englischer Geschichte wurden von ihnen beherrscht.

# III. Das revolutionäre Jahrhundert

Der elisabethanische Fundamentalkonsens löste sich in der Zeit ihrer beiden Stuartnachfolger auf. Unter Jakob I. lag die Ursache dafür in hochfahrenden Erklärungen des Königs über die Prärogativrechte des Monarchen und einer mit der Sparsamkeit Elisabeths kontrastierenden verschwenderischen Ausgabenpolitik, die zum Teil allerdings durch die besonderen Bedürfnisse des aus Schottland kommenden Königs nach Einflußnahme auf den englischen Adel bedingt war. Unter Karl I. hatte die Entfremdung zwischen dem Monarchen und den Führungsschichten ihren Grund vor allem in einer als kryptokatholisch verdächtigten hochkirchlichen Religionspolitik im Innern und einer beim Kampf zwischen Katholizismus und Protestantismus abseits stehenden Neutralitätspolitik im Dreißigjährigen Krieg. Der sich primär an der Frage der Religion entzündende Konflikt zwischen dem König und den Führungsschichten des Landes führte Karl I. 1629 zu dem Entschluß, künftig ohne Parlament zu regieren. Das persönliche Regiment des Monarchen, der zum Ausgleich für die entfallenden parlamentarischen Geldbewilligungen zu rechtlich fragwürdigen Formen der Besteuerung überging, schien auch für England die Phase des Absolutismus einzuleiten. Ein 1639 ausbrechender Krieg gegen die Schotten, die sich gegen ein ihnen aufgezwungenes Gebetsbuch zur Wehr setzten, nötigte jedoch den Monarchen, aus finanziellen Gründen 1640 zweimal Parlamente einzuberufen. Von ihnen ist das zweite als sog. „Langes Parlament" in die englische Geschichte eingegangen. Seine Mehrheit sah sich nach einem Aufstand der katholischen Iren im Herbst 1641 veranlaßt, über die Sicherung der Eigentumsrechte und der Institution Parlament hinauszugehen und aus Mißtrauen gegen die Person Karls I. in die unbestrittenen Prärogativrechte des Monarchen einzugreifen, indem man ihm den Oberbefehl über das gegen die Iren ins Feld zu führende Heer verweigerte. Dieser „Sicherheitsradikalismus" führte viele gemäßigte Abgeordnete in das Lager des

Königs, der damit eine eigene „Partei" erhielt. Beide Seiten formierten sich für den Bürgerkrieg, der 1642 ausbrach. Die Parlamentspartei hatte dabei als legitimatorische Basis die bereits im Mittelalter entstandenen Vorstellungen von den Rechten freier Engländer und vom Parlament als der Repräsentation der Gesamtheit. Was ihrem Handeln entgegenstand – der Gedanke der Unantastbarkeit, ja Heiligkeit des Monarchen –, wurde einerseits durch eine sehr künstliche Unterscheidung zwischen der Person und dem Amt des Königs und andererseits durch eine starke religiöse Schubkraft überwunden. Viele der entschlossensten Oppositionellen waren überzeugte Puritaner. Sie sahen den Kampf gegen den Monarchen in einem religiösen Kontext und argumentierten, daß man Gott mehr gehorchen müsse als den Menschen. Die Berufung auf den Vorrang und die Souveränität Gottes spielte auch bei der nach den Bürgerkriegen erfolgenden Hinrichtung des Königs am 30. Januar 1649 eine Rolle. Die offizielle Begründung des von einem Sondergericht zum Tode verurteilten Monarchen war allerdings rein juristisch und säkular. Sie lautete, daß er gegen sein eigenes Volk Krieg geführt und den Tod von Menschen verschuldet habe. Die öffentliche Anklage, die Hinrichtung des Königs und ihre Rechtfertigung waren sowohl für die Nationalgeschichte als auch für die Weltgeschichte von wesentlicher Bedeutung. Sie vor allem legitimieren es, in bezug auf diese Jahre von einer Englischen Revolution zu sprechen.

Obwohl nach dem Zwischenspiel einer Republik und einer Protektoratsherrschaft unter dem parlamentarischen Heerführer Oliver Cromwell (und seinem Sohn Richard) 1660 mit der Rückberufung des ältesten Sohnes Karls I. die Monarchie wiederhergestellt wurde, ist doch ihr selbstverständlicher Herrschaftsanspruch durch die Revolution erschüttert worden. „Dem Selbstgefühl jeder Nation", hat Max Weber konstatiert, „ist es ... zugute gekommen, wenn sie einmal ihren legitimen Gewalten abgesagt hatte, selbst wenn sie, wie in England, sie später von Volkes Gnaden zurückrief."[1] Die Monarchie offenbarte ihre Verwundbarkeit und verlor etwas von ihrem Nimbus. Ihre Wiederherstellung war überwiegend pragmatisch-opportunistisch motiviert. Das läßt sich schon an der Tatsache erkennen, daß die Royalisten den geringsten Anteil daran hatten. Die Revolution hatte auch dazu beigetragen, ein von der Person des Königs abgelöstes Verständnis des Staates und des Rechtes hervorzubringen. In England unterschied man frühzeitig, spätestens aber seit der Magna Carta, zwischen dem König und dem Königreich.[2] Diese Unterscheidung ist durch die Revolutionszeit, als es einige Jahre keinen Monarchen gab und dennoch vielfach der Begriff „Kingdom" als Bezeichnung für das Territorium der Republik beibehalten wurde, noch verstärkt worden. Das Königreich hatte sich gleichsam vom König emanzipiert.

Auf der anderen Seite deuteten die Erfahrungen der Zeit des Interregnums und die vergebliche Suche nach einem „settlement" darauf hin, daß ein Monarch zur Erhaltung von Stabilität, Rechtssicherheit und traditioneller Herrschaftsstruktur offenbar unentbehrlich war. Die Folgewirkungen der Englischen Revolution waren somit zutiefst widersprüchlich: Einerseits war der Bann des Traditionalismus durch sie gebrochen worden; andererseits hatte sie jedoch den Vorzug oder sogar die Unverzichtbarkeit traditioneller Institutionen, Verhaltensweisen und Glaubensinhalte als Ordnungsfaktoren demonstriert. Die Abneigung der englischen Elite gegen Thomas Hobbes ging, wie Hans-Dieter Metzger gezeigt hat, nicht zuletzt darauf zurück, daß er auf sie verzichten zu können glaubte und die Stellung des Souveräns allein aus dem Eigeninteresse der Menschen herleitete.[3]

Es bedurfte des direkten Angriffs auf die etablierte anglikanische Kirche von seiten Jakobs II., des Bruders und Nachfolgers Karls II., um eine neuerliche umfassende Entfremdung zwischen dem Monarchen und den Führungsschichten des Landes herbeizuführen. Der katholische König wollte die Gleichberechtigung seiner Religion in England erzwingen und griff dabei sogar in revolutionärer Weise in die hierarchische Sozialordnung der Grafschaften ein, indem er Katholiken und Nonkonformisten von geringem gesellschaftlichen Status zu Friedensrichtern ernannte. Er fand bei der Elite entsprechend wenig Unterstützung, als sein Schwiegersohn und Neffe Wilhelm von Oranien, der Statthalter und Generalkapitän der Niederlande, primär aus außenpolitischen Gründen am 5. November 1688 in England landete. Wilhelm wollte sicherstellen, daß die Engländer nicht als Bündnispartner an die Seite Frankreichs traten. Aus dieser holländischen Intervention entwickelte sich jedoch wegen der Kopflosigkeit Jakobs, der nach Frankreich floh, ein dynastischer Wechsel. Wilhelm und seine Frau Maria, die Tochter des geflohenen Königs, wurden gemeinsam die neuen Monarchen Englands. Die von einem „Convention Parliament" ausgearbeitete „Declaration of Rights", die Wilhelm und Maria vor ihrer Krönung am 13. Februar 1689 verlesen wurde und deren Beachtung sie nach der Krönung zusicherten, berücksichtigte einige der mit den bisherigen Stuartmonarchen gemachten Erfahrungen und versuchte, ihrer Wiederholung vorzubeugen. Sie konstatierte die Unrechtmäßigkeit vom Parlament nicht bewilligter Steuern. Außerdem wurden in sie das Verbot exzessiver Strafen oder Kautionen, das Petitionsrecht sowie das Recht der protestantischen Untertanen auf Waffenbesitz hineingeschrieben. Die Declaration of Rights legte ferner „freie" Parlamentswahlen sowie das Recht der Abgeordneten auf Redefreiheit fest, verbot den Monarchen die Suspendierung von Gesetzen und untersagte ihnen den Unterhalt eines stehenden Heeres in Friedenszeiten ohne Zustimmung des Parlaments.[4] Damit wurde der bis dahin ungewisse Status der Armee geklärt, die an das Parlament gebunden wurde.

Die Declaration of Rights, ein Triennial Act von 1694, der Parlamentswahlen im Abstand von drei Jahren vorschrieb, und die in der Folgezeit fast ununterbrochene Kriegführung gegen Frankreich und Jakob II. machten das Parlament endgültig zu einem integralen Bestandteil des politischen Systems in England. Seit 1688, so hat man zu Recht gesagt, *bewachte* das Unterhaus nicht nur die Regierung, sondern es wurde selbst zu *einem Teil der Regierung*.[5] Die englische Entwicklung verlief darin, nachdem sich in den 1630er Jahren, später wieder gegen Ende der Regierungszeit Karls II. und unter

Jakob II. in den 1680er Jahren eine Annäherung an das kontinentale Muster abzuzeichnen schien, definitiv entgegengesetzt zu der auf dem europäischen Kontinent, wo z. B. in den deutschen Territorien seit der Wende vom 17. zum 18. Jahrhundert die Landtage nicht mehr einberufen wurden.

Wenn man den durch eine holländische Invasion unter geringer Teilnahme der Engländer herbeigeführten dynastischen Wechsel von 1688/89 als Glorious Revolution bezeichnet, so ist die Verwendung des Revolutionsbegriffs allenfalls dadurch gerechtfertigt, daß die monarchische Herrschaft ihren Charakter veränderte. Sie wurde mehr als zuvor durch Parlamentsgesetze eingehegt und war faktisch bereits in hohem Maße parlamentarisch legitimiert. Dieser Charakter verstärkte sich noch durch den Act of Settlement von 1701. Dieses Gesetz war vom Parlament verabschiedet worden, nachdem das letzte Kind der Königin Anna (einer Schwester Marias) verstorben und eine Thronfolge in direkter Linie deshalb nicht mehr möglich war. Es regelte die Erbfolge unter Umgehung aller katholischen Thronanwärter derart, daß nach dem Tode von Königin Anna die Krone auf die Kurfürstin von Hannover und deren Erben übergehen sollte.

Diese parlamentarische Festlegung der Thronfolge blieb nicht ohne Einfluß auf die Prärogative und die sakrosankte Aura der Monarchie, die weiter in Mitleidenschaft gezogen wurden. In den Act of Settlement sind einige Bestimmungen hineingeschrieben worden, welche die Kompetenzen künftiger Monarchen einschränkten. Sie wurden schon durch die offizielle Bezeichnung „Gesetz zur weiteren Beschränkung der Krone und zur besseren Sicherung der Rechte und Freiheiten der Untertanen" signalisiert, die wohl kaum in einem anderen monarchischen Staat des damaligen Europa möglich gewesen wäre.[6] Zu diesen Bestimmungen gehörte, daß fortab Richter ihr Amt nur verlieren konnten, wenn sie sich etwas zuschulden kommen ließen. Sie durften nicht mehr nach Gutdünken des Monarchen entlassen werden.

# IV. Die parlamentarische Monarchie

Mit der Thronbesteigung Georgs I. im Jahre 1715 auf der Grundlage des Act of Settlement war England vollends, und zwar in einem doppelten Sinne, parlamentarische Monarchie geworden. Die Herrschaft der hannoverschen Dynastie in England beruhte, wenngleich der Erbfolgeanspruch von ihr stark herausgestrichen wurde, eindeutig auf parlamentarischer Grundlage; und das Parlament war unentbehrlicher Bestandteil des politischen Systems. Dennoch blieben zwei Fragen offen: die nach dem persönlichen Anteil des Monarchen an der Regierung und die nach den Formen der Kooperation zwischen Regierung und Parlament.

Die erste Frage stellte unter Georg I. und Georg II. kaum ein Problem dar, da diese beiden Monarchen, auf dem englischen Thron noch unsicher und von den durch Frankreich unterstützten Prätendenten der Stuartdynastie bedroht, mehr darauf bedacht waren, ihre Position zu behaupten, als eine aktive politische Rolle zu spielen. Die zweite Schwierigkeit erfuhr eine politische Lösung durch Robert Walpole, der von 1721 bis 1742 faktisch die Stellung eines Premierministers einnahm. Walpole gelang es, das politische System zu stabilisieren und eine Verklammerung zwischen Regierung und Parlament herzustellen.[1]

Die Stabilisierung erfolgte mit Hilfe einer Ächtung der Torypartei, die seit ihrer Entstehung Ende der 1670er Jahre den Gedanken der strikten Erbfolge vertreten, den Thronwechsel von 1689 und erst recht dann den Wechsel zur hannoverschen Dynastie innerlich nur widerstrebend oder gar nicht gebilligt hatte. Die von Walpole noch bewußt übertriebene Neigung der Tories zum Stuartprätendenten diente nach 1715 dazu, sie von der Macht fernzuhalten. England war zu Walpoles Zeiten, wie man etwas zugespitzt gesagt hat, ein „Einparteienstaat" (Plumb). Allerdings waren die Whigs, die sich auf den Boden der 1688/89 geschaffenen Verfassungsordnung und der hannoverschen Dynastie stellten und deshalb die „natürliche" Regierungspartei waren, in sich nicht geschlossen.

Die Verbindung zwischen Regierung und Parlament stellte Walpole her, indem er nicht nur die Wahlen in den von der Regierung kontrollierten Wahlkreisen unmittelbar beeinflußte und für die Wahl regierungstreuer Kandidaten sorgte, sondern darüber hinaus auch einen großen Teil der übrigen Abgeordneten interessenmäßig an die Exekutive band. Das wurde 1716 mit der Verlängerung der Legislaturperioden von drei auf sieben Jahre erleichtert, wodurch Wahlen sehr viel seltener wurden als in den vorangegangenen zwei Jahrzehnten. Walpole nutzte alles, was die Krone an Ämtern, Würden, Kontrakten und Pensionen zu vergeben hatte, um die Legislative zu beeinflussen und zu lenken. Er kontrollierte persönlich die königliche Patronage, der er viel Zeit und große Aufmerksamkeit widmete und die er rücksichtloser sowie methodischer einsetzte, als seine Vorgänger es getan hatten. Auch die Ernennung der Bischöfe, die im Oberhaus saßen und deswegen für die Regierung wichtig waren, wurde völlig den politischen Interessen untergeordnet. Walpole akkumulierte Abhängigkeiten und Verpflichtungen, so daß er schließlich von sich sagen konnte, „von ihm hingen mehr Leute ab als jemals zuvor von einem einzigen Menschen".[2] Die Beeinflussung des Parlaments wurde so systematisch betrieben, daß um die Mitte des 18. Jahrhunderts 40 Prozent der Unterhausabgeordneten in das Netz der Regierungspatronage einbezogen waren. Faktisch bedeutete das, weil gerade die von der Regierung unabhängigen Grafschaftsabgeordneten bei den Parlamentssitzungen oft abwesend waren, eine Mehrheit der regelmäßig anwesenden Mitglieder des Unterhauses.[3] Die Stärke des Systems des „influence" und der Regierungspatronage bestand darin, daß es sich nahtlos mit einer die gesamte Gesellschaft durchdringenden privaten Patronage verband. Es fügte sich in die eher vertikal als horizontal gegliederte Gesellschaftsstruktur mit ihren Abhängigkeits- und Verpflichtungsketten ein.

Das System Walpoles, das gelegentlich allzu simpel als bloßer Kauf der Parlamentsmehrheit beschrieben worden ist, war in Wirklichkeit sehr viel komplizierter und subtiler. Walpole war sowohl gegenüber den Monarchen als auch gegenüber den Parlamentariern politisch ungemein geschickt. Er nahm das Parlament ernst und hat die Abgeordneten niemals einfach kommandieren können. Seine Macht fand zudem, wie sich etwa beim Scheitern einer Akzisevorlage im Jahre 1733 zeigte, ihre Grenzen am entschieden geäußerten Widerspruch der Öffentlichkeit und an dem, was die Engländer für ihre ererbten Freiheiten ansahen.

Daß die Funktionsfähigkeit von Walpoles System außerdem an bestimmte Bedingungen geknüpft war und die Unsicherheit der hannoverschen Dynastie zur Voraussetzung hatte, erwies sich nach der Jahrhundertmitte. Nachdem 1745 der letzte große, Panik verbreitende Versuch einer Restauration der Stuartdynastie gescheitert war, konnte Georg III. 1760 als in seiner Legitimität kaum angefochtener Monarch den Thron besteigen. Er war nicht mehr primär mit dem Überleben des Hauses Hannover befaßt, sondern wollte die Monarchie wieder wie in den Zeiten der Stuarts zu einem aktiven Faktor in der Politik machen. Das Problem der persönlichen Herrschaft des Königs geriet vor allem infolge höchst eigenwilliger Ministerernennungen und eines ohne Erfolgsaussichten hartnäckig fortgesetzten Krieges in Amerika in England wieder auf die Tagesordnung und machte in den Augen der nunmehr in die Opposition gedrängten Whigs die Regierungspatronage zu einem gefährlichen Instrument des drohenden königlichen Despotismus. 1782 vorübergehend unter Rockingham wieder an die Macht gelangt, führten sie unter der Federführung von Edmund Burke „ökonomische Reformen" durch, die zahlreiche, für die Beeinflussung durch „Korruption" benutzbare Ämter abschaffte. Eine Verwaltungsreform unter William Pitt setzte kurz darauf dieses Werk fort und schmälerte die materielle Grundlage für die von Walpole angewandte Strategie.[4] Als Ausgleich wirkte zunächst der integrierende Druck des 1793 begonnenen Krieges gegen Frankreich, der mit dem Eintreten des größeren Teils der Whigs unter Portland in die Regierung im Jahre 1794 dieser eine so breite Basis verschaffte, wie sie seit langem nicht mehr bestanden hatte. Auf längere Sicht gewährleistete dann die Schaffung eines modernen Parteiensystems die Kooperation zwischen Regierung und Parlament. Die Parteien und die Fraktionsdisziplin schufen die Verklammerung, die unter Walpole die Patronage hergestellt hatte.

Das Problem der persönlichen Rolle des Monarchen zeigte sich noch 1801 an dem Widerstand Georgs III. gegen den Versuch, die Union mit Irland durch die Gewährung politischer Rechte an Katholiken abzustützen. Der König verhinderte nicht nur die Katholikenemanzipation und zwang damit Pitt zum Rücktritt, sondern er nahm ihm sogar das Versprechen ab, auch in Zukunft dieses Problem nicht wieder anzuschneiden. Die persönliche Rolle des Königs in der Politik hätte sogar zu einem besonders gravierenden Problem werden können, weil Georg III. sich seit den 80er Jahren einer zunehmenden Popularität erfreute und ein von der englischen Regierung gegen das revolutionäre Frankreich und Napoleon systematisch geförderter monarchischer Nationalismus den König als Loyalitätsfokus in den Mittelpunkt rückte.[5] Die Gefahren, die darin angesichts des Rollenverständnisses und der politischen Versiertheit Georgs III. lagen, schwanden jedoch durch seine geistige Erkrankung. Der König, der schon vorher mehrmals erkrankt war, wurde von 1810 bis zu seinem Tode im Jahre 1820 permanent regierungsunfähig. Die Despotismusfurcht, die das England des 17. und 18. Jahrhunderts beherrscht hatte – wobei man entweder die Gefahr einer direkten königlichen Despotie oder die eines ministeriellen Despotismus auf der Grundlage von Regierungspatronage drohen sah –, trat im 19. Jahrhundert angesichts des Machtschwunds der Monarchie in den Hintergrund.

# V. Adel, Bürgertum und Unterschichten

Verfassungsgeschichtlich betrachtet war England seit dem ausgehenden 17. Jahrhundert eine parlamentarische Monarchie. Sozialgeschichtlich gesehen bestand jedoch bis weit ins 19. Jahrhundert hinein faktisch eine auf nahezu monopolartigem Grundbesitz beruhende Adelsherrschaft, die durch eine stark eingeschränkte, punktuelle politische Partizipation der übrigen Bevölkerung legitimiert und modifiziert wurde. Das Parlament setzte sich fast ausschließlich aus Adligen zusammen. Der Adel, der beide Häuser des Parlaments besetzte, machte – wie Ranke in seinem „Politischen Gespräch" einen der beiden Dialogpartner sagen läßt – „im Grunde den Staat" aus.[1] Im Oberhaus saß die „aristocracy". Im Unterhaus saßen Angehörige der „gentry". Ihre Wahl war im lokalen Kontext zumeist ein Ritual, in dem sich die führenden ansässigen Adelsfamilien ihren gesellschaftlichen Vorrang und ihr Ansehen bestätigen ließen. Dabei erhielt auch das Unterhaus in der ersten Hälfte des 18. Jahrhunderts zunehmend den Charakter eines erblichen Repräsentationsorgans. 1715 gab es von den 558 Abgeordneten 234, deren Väter bereits im House of Commons gesessen hatten; 1754 war die Zahl auf 294 angestiegen.[2] Manche Unterhaussitze waren auf lange Zeit im erblichen Besitz einer Familie. Der Eindruck oligarchischer Herrschaft entstand vor allem dann, wenn Adelsfamilien sich untereinander arrangierten, auf Gegenkandidaten verzichtet wurde und der Wahlakt nur noch eine Akklamation darstellte. Besonders in den Grafschaften luden die dort sehr hohen Kosten eines Wahlkampfes zu einer Verständigung zwischen rivalisierenden Familien oder Gruppen förmlich ein.

Innerhalb der Adelsherrschaft spielte die „aristocracy" im 18. Jahrhundert eine herausragende Rolle. Sie trug zum Funktionieren des politischen Systems wesentlich bei. Die Hocharistokraten waren eine Art von intermediärer Gewalt, „power brokers" zwischen der Regierung und den lokal verwurzelten, aber oft auch borniertenAngehörigen des niederen Adels. Als

Wahlkreispatrone, die den Wahlausgang in vielen „boroughs" bestimmten, verhalfen sie dazu, der Regierung eine Mehrheit zu verschaffen. So gebot etwa der Duke of Newcastle in den 1720er Jahren über 16 Unterhaussitze, die er ihr zur Verfügung stellen konnte.[3] Man schätzt, daß 1715 ein Fünftel der Unterhaussitze von Peers kontrolliert wurde. Bis zum Jahre 1785 verdoppelte sich dieser Anteil.[4] Insgesamt wird man von einer Bündelung und Kanalisierung von „influence" durch die Hocharistokratie sprechen können.

Wenn man berücksichtigt, daß die „aristocracy" in den beiden vorausgehenden Jahrhunderten einen relativen Bedeutungsverlust gegenüber der „gentry" hatte hinnehmen müssen und während der Englischen Revolution das House of Lords sogar vorübergehend abgeschafft worden war, sind der Wiederaufstieg und die beispiellose Machtkonzentration dieser kleinen Gruppe wahrhaft erstaunlich. Es gab während des ganzen 18. Jahrhunderts insgesamt wenig mehr als tausend Peers, die von 84 Familien gestellt wurden.[5] Es gelang ihnen, fast alle hohen, einträglichen Ämter und Posten zu besetzen – selbst in der Kirche, wo der Anteil von Bischöfen nichtaristokratischer Herkunft zwischen dem frühen 17. Jahrhundert und der Zeit Georgs III. von 25 Prozent auf 4 Prozent sank. Man hat im Hinblick auf die zumeist sehr lukrativen und oft überflüssigen oder wenig arbeitsintensiven Ämter, die von Aristokraten monopolisiert wurden, geradezu von einem „Magnatenparasitismus" gesprochen.[6] Die Einnahmen aus diesen Ämtern trugen dazu bei, daß die Hocharistokratie sich stärker sozial abschotten konnte als zuvor und die Zahl der Eheschließungen mit reichen Erbinnen aus anderen Schichten zurückging. In seinen „Thoughts on French Affairs" vom Dezember 1791 konstatierte Edmund Burke, daß die englischen Aristokratie noch nie so exklusiv gewesen sei und so wenige Peers aus dem Handelsbürgertum gekommen seien wie um diese Zeit.[7]

Man sollte jedoch die Stellung der Hocharistokratie nicht zu isoliert betrachten. Gerade im Vergleich mit dem europäischen Kontinent und den dort üblichen starken Abstufungen innerhalb des Adels ist es nicht die Gespaltenheit, sondern eher die relative Geschlossenheit der englischen Führungsschichten und ihrer Adelskultur, die ins Auge fällt und charakteristisch erscheint. Dabei wurde die Homogenisierung von „aristocracy" und „gentry" auf der Grundlage des Prinzips der Gleichheit aller Gentlemen durch die bessere Bildung der Landedelleute ermöglicht. Zwar gab es im niederen Adel auch gegen Ende des 18. und zu Beginn des 19. Jahrhunderts eine groteske Unbildung. Gegenüber dem frühen 18. Jahrhundert waren in der Bildung der „gentry" jedoch erhebliche Fortschritte gemacht worden. Sie erleichterten es den adligen Führungsschichten Englands, sich primär kulturell zu definieren und von den übrigen Schichten abzusetzen.[8]

Daß die dominierende Stellung des englischen Adels angesichts seiner geringen physischen Machtmittel überwiegend auf eine kulturelle Hegemonie zurückzuführen ist, darin sind sich so unterschiedliche Historiker wie E. P. Thompson und J. C .D. Clark einig. Dieser „hegemoniale Stil" zeichnete sich nach Thompson durch ein einschüchterndes Imponiergehabe und theatralisches Auftreten aus, die vor allem die Gerichtstage charakterisierten. Er zeigte sich aber auch in der Architektur und in der Landschaftsgestaltung.

Der Adel stellte seine beherrschende Position in Gesellschaft und Politik architektonisch dar und versuchte, sie der Natur als Stempel aufzudrücken. Durch Landschaftsgestaltung, der manchmal ganze Dörfer zum Opfer fielen, wurde für Bewohner und Besucher von Country Houses geschickt der Eindruck eines grenzenlosen Besitztums geweckt. Das „Big House" entrückte man den Behausungen gewöhnlicher Sterblicher; es wurde imposant und dominant gemacht. Seine zentrale Bedeutung sollte durch die von ihm in verschiedene Richtungen ausgehenden Alleen versinnbildlicht werden. Wordsworth hat die adlige Umgestaltung der natürlichen Umwelt in dem treffenden Bild wiedergegeben, das ganze Land werde in eine Adelslivree gezwängt.[9] Der Adel mit seiner Macht wurde gleichsam in die Natur eingelassen; seine

Herrschaft sollte dadurch natürlich und selbstverständlich erscheinen.

Eine der wichtigsten Grundlagen der Adelsmacht in England bestand in der Beteiligung an der lokalen Selbstverwaltung. Sie ermöglichte das Geltendmachen von Hegemonie, die Ausübung von Paternalismus und den Nachweis funktioneller Notwendigkeit. „Selfgovernment durch Honoratioren (‚Gentlemen')" war nach der treffenden Beobachtung von Max Weber bis zum letzten Viertel des 19. Jahrhunderts die Signatur des englischen Staates.[10] Zwar ging das Engagement der adligen Führungsschichten in der Selbstverwaltung der Grafschaften vorübergehend zurück. Es erreichte offenbar in den 1730er Jahren seinen Tiefpunkt. Grundherren ließen sich gern zu dem ehrenvollen Amt eines Friedensrichters ernennen, übten es aber vielfach nicht aus und überließen die Arbeit den Pfarrern, die immer häufiger als „Justices of the Peace" fungierten. Seit den 1770er und 1780er Jahren nahm man aber seine Pflichten wieder ernster.[11] Grundsätzlich – und das ist entscheidend – behielt der englische Adel seine politisch-administrativen Aufgaben. Er ließ sich nicht wie der französische Adel von der Monarchie in die Funktionslosigkeit abdrängen. Er erhielt sich seine Daseinsberechtigung und machte sich dadurch weniger angreifbar als der Adel in Frankreich.

Weniger angreifbar als in anderen Ländern wurden Adel und Adelsherrschaft in England noch durch eine Reihe weiterer Eigentümlichkeiten, die sie für das Bürgertum ebenso wie für die Unterschichten erträglicher machten und ihre Langlebigkeit erklären. Dazu gehört, daß die Grenzen des Adels nach unten hin wenig markiert und relativ offen waren. Rechtlich gehörten die Angehörigen der „gentry" ohnehin zu den „commoners", unterschieden sie sich nicht von den Bürgerlichen.

Gegenüber dem Bürgertum war aber vor allem die Tatsache von entscheidender Bedeutung, daß sich die adligen Oberschichten in England seit Beginn der Neuzeit nicht als Krieger, sondern kulturell als Gentlemen und ökonomisch als Eigentümer definierten. (Eine Ausnahme bildet allenfalls die Zeit der Kriege gegen das revolutionäre und napoleonische Frankreich, in der sich eine stärkere Militarisierung des Adels feststellen läßt.[12]) Die blutsmäßige Herkunft war weniger wichtig als anderswo; es gab in England keine Ahnenprobe. Was dort vor allem zählte und Status verlieh, war der Besitz. Der Historiker Paul Langford spricht sogar von einer „Eigentümergesellschaft", die sich bereits im England des 18. Jahrhunderts herausgebildet habe, wobei die Nation durch eine große Scheidelinie zwischen Eigentümern und Eigentumslosen getrennt worden sei. Eine solche Darstellung erscheint etwas übertrieben. Sie ebnet die Unterschiede zwischen den verschiedenen Besitzformen sowie die Statusunterschiede zwischen adligen und nichtadligen Eigentümern ebensosehr ein wie die innerhalb des Adels zwischen „titular aristocracy" und bloßer „gentry". Unbestreitbar ist allerdings, daß sich eine spezifische Eigentumsmentalität entwickelte, die alle Bereiche durchdrang und auch vor der Kirche nicht haltmachte. Selbst in ihr wurde von der Pfarre bis hin zum vermietbaren Kirchengestühl alles in Begriffen des Eigentums gefaßt. Auch die Funktion des Staates wurde primär im Eigentumsschutz gesehen, und so war es denn nur konsequent, daß viele staatliche Aufgaben – sogar die Abwehr äußerer Gefahren – von privater Seite, durch Zusammenschlüsse und Spenden von Besitzenden, erfüllt wurden.[13] Joanna Innes hat auf die wichtige Tatsache hingewiesen, daß die englische Gesellschaft des 18. Jahrhunderts nach dem vorwaltenden Selbstverständnis der Zeitgenossen eine „commercial society" gewesen ist. Der deutsche Englandbesucher Justus Möser hat es seinerzeit auf die etwas unfreundliche Formel gebracht: „Der esprit de commerce beherrscht den großen Lord, und der Krämer kuckt aus dem General."[14]

Damit im Zusammenhang stand auch die Brücken zum Bürgertum und zur bürgerlichen Erwerbsgesinnung schlagende Kommerzialisierung der Landwirtschaft und die starke Profitorientierung adliger Grundbesitzer, die freilich zumeist an dem Prinzip der Prestigemaximierung ihre Grenze fand.

Bemerkenswert ist überdies, abgesehen von einer relativ kurzen Phase des Protests gegen das „monied interest" gegen Ende des 17. und zu Beginn des 18. Jahrhunderts, die Bereitschaft des englischen Adels zu Anerkennung und Berücksichtigung nichtagrarischer Interessen und Eigentumsformen sowie seine Flexibilität gegenüber den Erfordernissen wirtschaftlicher Entwicklung. So wurden 1722 die meisten Exportzölle auf in England hergestellte Produkte abgeschafft und die Einfuhrzölle beseitigt oder reduziert, mit denen die für deren Erzeugung erforderlichen, importierten Rohstoffe belegt worden waren. Der sogenannten „Transportrevolution" des 18. Jahrhunderts, die mit dem Bau von Kanälen und Überlandstraßen die Infrastruktur des Landes wesentlich verbesserte, stellte sich der grundbesitzende Adel nicht in den Weg. Er hat sie vielmehr sogar aktiv gefördert. Das ökonomische Interesse an einem verbesserten Verkehrsnetz und das ästhetische Interesse der adligen Grundbesitzer wurden, wenn sie aufeinandertrafen, zumeist in der Weise ausgeglichen, daß man einem Kanal in Sichtweite eines Herrensitzes eine elegante Biegung gab oder ihn verschönerte.[15]

Auch die Industrielle Revolution selber ist von adliger Seite nicht behindert worden. Dazu trug die Tatsache bei, daß in den neuen Industriegebieten die Grundstückspreise stiegen und die Grundherren davon profitierten. Auch wurde die Industrialisierung zunächst nur als ein punktueller Vorgang wahrgenommen und nicht als ein umwälzender Prozeß, der letztlich die Herrschaft des grundbesitzenden Adels in Frage stellen mußte.

Von seiten der neuen industriellen Unternehmer erregte die fortdauernde Herrschaft des Adels lange Zeit keinen Anstoß, weil er in der erwähnten Weise flexibel und ökonomisch aufgeschlossen war und sie ihre Interessen nicht verletzt sahen. Außerdem wurde die Ungleichheit der Repräsentation im Parlament und die Tatsache, daß bedeutende Städte wie Manchester dort nicht repräsentiert waren, durch verschiedene Faktoren ausgeglichen und in ihren negativen Auswirkungen abgeschwächt. Die Unterrepräsentation bestimmter Gebiete wurde zum Teil dadurch gemildert, daß die Abgeordneten anderer Landesteile in ihnen wohnten oder Landbesitz hatten und dadurch interessenmäßig mit ihnen verbunden waren. Auch entsandten Städte, die im Unterhaus nicht repräsentiert waren, häufig Beauftragte („agents") nach London, um ihre Interessen zwar nicht im, aber am Parlament vertreten zu lassen. Manchester z. B. tat das regelmäßig.[16] Die Interessen nicht im Parlament vertretener Städte oder Gebiete konnten schließlich teilweise überdies von den Abgeordneten anderer *repräsentierter* Städte oder Gebiete mit gleicher oder ähnlicher Interessenlage wahrgenommen werden. Der zuletzt genannte ausgleichende Effekt ist von den Verteidigern des traditionellen Repräsentationssystems häufig betont und mit dem Begriff der „virtual representation" apologetisch umschrieben worden. In der Tat wäre es ohne die kompensierende Wirkung der genannten Faktoren kaum begreiflich, daß das unreformierte Parlament in einer Zeit, in der die Bedeutung dieser Institution immer größer wurde und sich zugleich erhebliche Veränderungen in der Bevölkerungsverteilung und der Wirtschaft vollzogen, noch so lange bestehen konnte.

Daß Industriestädte im Parlament nicht vertreten waren, erschien aus der Perspektive der Unternehmer nicht selten sogar als ein Vorzug, solange ihre Interessen auf andere Weise berücksichtigt wurden. Diese Einstellung, die der mittelalterlichen Haltung nicht unähnlich war – als man sich gelegentlich das Privileg verleihen ließ, *nicht* im Parlament vertreten zu sein –, ist angesichts des oft tumultartigen Charakters von Wahlen und ihrer langen Dauer kaum verwunderlich. Zwar hatte ein Gesetz von 1696 als Höchstdauer einen Zeitraum von 40 Tagen festgelegt, aber das war eine lange Zeitspanne, und es ist überdies fraglich, ob man sich immer daran hielt. Auch ein Zeitraum von 15 Tagen, der 1785 gesetzlich als Höchstdauer für Wahlen festgelegt wurde, konnte wegen der damit verbundenen Unruhe und dem Alkoholausschank eine sehr lange und unerwünschte Unterbrechung der Arbeitszeit darstellen. Den Niedergang der Stadt Taunton mit ihrer

Tuchindustrie führte man sogar darauf zurück, daß dort im Jahre 1754 eine besonders erbittert umkämpfte Wahl stattgefunden hatte.[17]

Was die große Mehrheit der Bevölkerung unterhalb des Bürgertums anging, die von den Zeitgenossen zumeist als „the working poor" bezeichnet wurde, so gelang ihr gegenüber die anhaltende Stabilisierung adliger Herrschaft mit relativ geringen Machtmitteln durch eine Mischung von Einschüchterung und Nachgiebigkeit vor dem Hintergrund eines erstaunlich breiten Korpus gemeinsamer Grundüberzeugungen. Es war freilich eine Stabilität mit anarchisch-gewalttätigen Einsprengseln und einer relativ hohen Toleranz für Unordnung auf seiten der Oberschichten.

Zu den gemeinsamen Grundüberzeugungen gehörte in erster Linie die alle Klassen der englischen Gesellschaft verbindende Vorstellung von den unantastbaren Rechten freier Engländer und der libertären Besonderheit der englischen Nation. Die nationale „Wir-Identität" (Elias) wurde vor allem über das Bewußtsein gemeinsamer Freiheit hergestellt. Das Freiheitsdenken war gepaart mit einem allgemeinen Mißtrauen gegenüber der Macht und einer hohen Empfindlichkeit gegenüber allem, was als Verletzung englischer Rechte betrachtet wurde. Es äußerte sich zumeist in Argwohn oder Ablehnung gegenüber Veränderungen im Innern, die aufgrund einer gemeinsamen politischen Grundhaltung von Angehörigen der Oberschichten verstanden und beachtet werden konnten, selbst wenn sie diese im konkreten Fall nicht teilten. Die Rhetorik des „freeborn Englishman" wurde allerdings auch gelegentlich nach außen gekehrt. Libertäre Parolen konnten eine aggressive Verwendung finden. So wurde etwa die Auseinandersetzung zwischen spanischen Behörden und englischen Kapitänen über die Frage des Durchsuchungsrechts bei Fahrten nach Südamerika im Frühjahr 1738 von den auf einen Konflikt hinarbeitenden Kreisen Englands in das libertäre Raster eingeordnet. Sie stellten die Differenzen mit Spanien als eine Auseinandersetzung zwischen englischer Freiheit und ausländischem Absolutismus dar, und die Losung

„keine Durchsuchung" wurde zu einem freiheitlichen Schlachtruf.[18] Grundsätzlich läßt sich feststellen, daß dieses freiheitszentrierte Selbstbewußtsein im England des 18. und 19. Jahrhunderts eine xenophobe und nationalistische Komponente hatte.

Die Prinzipien „freier Engländer" und die mit ihnen verknüpften Vorurteile der Bevölkerung wurden zumeist von den Oberschichten entweder geteilt oder berücksichtigt, selbst wenn dies umständlich und kostspielig war. So sind z. B. Soldaten bis gegen Ende des 18. Jahrhunderts sehr mühsam und friktionsträchtig in Wirtshäusern oder Privatquartieren untergebracht worden, weil Kasernen mit dem Militarismus und dem Verlust der Freiheit assoziiert wurden. (Erst in der Zeit der Kriege gegen das revolutionäre und napoleonische Frankreich, als man das Heer von einer möglicherweise radikalisierten Bevölkerung fernhalten wollte, wurden in England Kasernen gebaut.[19]) Ebenso unterließ man es, Verbrecher zu Strafarbeit oder langen Gefängnisstrafen zu verurteilen, die als eine Form der Versklavung angesehen wurden. Auch befürchtete man, das Gefängnispersonal könnte einem künftigen Tyrannen zur Unterdrückung der Nation zur Verfügung stehen. Lieber externalisierte man das Problem und deportierte Verbrecher in die amerikanischen Kolonien, was auch am billigsten war und wofür ein Gesetz von 1718 die rechtliche Grundlage geschaffen hatte.[20] Auch der den Engländern so verhaßte Militarismus wurde zum großen Teil externalisiert, indem man Truppen außerhalb Englands stationierte und überdies in Kriegszeiten auf ausländische Hilfstruppen zurückgriff sowie fremden Fürsten für ihre Kriegführung Subsidien zahlte. Das Bemühen, den Militarismus in England zu vermeiden, förderte ihn in anderen Staaten.

Bei der Marine, für die man überwiegend auf die eigenen Kräfte zurückgreifen mußte, aber die Einrichtung einer Flottenreserve nach französischem Muster offenbar für unenglisch und freiheitsbedrohend hielt, griff man zu dem Mittel des Pressens. Mit der Aufgabe des „impressment" beauftragte Abteilungen der Flotte ergriffen in Kriegszeiten auf offener

Straße Seeleute und andere Männer oder holten sie von den Handelsschiffen. Für sie galt die berühmte „Freiheit eines Engländers" nicht! Viele von ihnen kehrten niemals mehr nach Hause zurück. Man schätzt, daß im 17. und 18. Jahrhundert fast die Hälfte der gepreßten Matrosen auf See starb.[21]

Zu einem ähnlich paradoxen Ergebnis wie der Antimilitarismus führte die alle Schichten der englischen Bevölkerung gemeinsame Abneigung gegen eine Polizei, die man als freiheitsbedrohend empfand und als eine militärische Einrichtung ablehnte. Der Verzicht auf eine Polizei bedeutete, daß man sich einerseits immer mehr auf den Abschreckungseffekt extrem harter Strafen stützte und andererseits trotz der in England so ausgeprägten antimilitaristischen Gesinnung zur Aufrechterhaltung von Ruhe und Ordnung dann doch sehr rasch auf das Heer zurückgreifen mußte. Erst 1829 wurde auf der Grundlage eines Metropolitan Police Act von dem damaligen Innenminister Robert Peel zunächst für London eine Polizei aufgestellt (bei der man im übrigen durch die Art ihrer Bekleidung sorgfältig jede Ähnlichkeit mit dem Militär vermied).[22] Obwohl danach die Einrichtung einer Polizei auf andere Gebiete ausgedehnt wurde, bezeichnete der englische Kriegsminister noch 1891 in einem Memorandum „die effektive Unterstützung der zivilen Gewalt in allen Teilen des Vereinigten Königreiches" als erste Aufgabe der Armee.[23]

Eine weitere, schichtenübergreifende Gemeinsamkeit im England des 18. Jahrhunderts war das ausgeprägte Bewußtsein, eine protestantische Nation zu sein. Dabei verband die Religion bzw. das religiöse Vorurteil in besonderem Maße Ober- und Unterschichten miteinander. Bei ihnen bestand vielfach eine Abneigung gegen die außerhalb der anglikanischen Kirche stehenden Nonkonformisten, die zumeist den Mittelklassen angehörten. Der Adel hatte sich weitgehend mit dem Anglikanismus identifiziert. Die Nonkonformisten waren vielen Adligen auch politisch suspekt, weil man sie mit der Verantwortung für die Englische Revolution belastete und republikanischer Neigungen verdächtigte. Zum Teil wurden sie zu Beginn des 18. Jahrhunderts von Angehörigen der adligen Oberschichten auch wegen ihrer Verbindung mit der Finanzwelt abgelehnt. Innerhalb der Unterschichten spielte dieses Motiv bei der Ablehnung der Nonkonformisten ebenfalls eine Rolle. Vor allem aber waren sie bei den unteren Klassen deshalb verhaßt, weil sie den alten puritanischen Anspruch, die Bevölkerung auch gegen deren Willen moralisch zu „reformieren", nie ganz aufgegeben hatten.

Das wichtigste Bindemittel zwischen Ober- und Unterschichten bildete der soziale Paternalismus des Adels. Er konnte von Überzeugung, von Berechnung oder einer Mischung von beiden bestimmt sein. Was aber auch immer die Motive im einzelnen waren – die paternalistische Haltung vieler Adliger gab den Unterschichten weithin das Gefühl, daß man sich ihrer Nöte annahm. Darüber hinaus gab es in England die seit Elisabeth gesetzlich vorgeschriebene Armenfürsorge der Gemeinden, die ein gewisses soziales Sicherheitsnetz darstellte. Das Poor Law war eine Art von Kollektivpaternalismus. Selbst ein marxistisch beeinflußter Historiker wie E. P. Thompson gelangt zu der Feststellung: „Im allgemeinen waren die englischen Armen durch Armengesetze und Wohltätigkeit vor direktem Verhungern geschützt."[24]

Außerdem gab es eine Art irregulärer Partizipation der von der förmlichen Teilhabe am politischen Prozeß ausgeschlossenen Bevölkerungsteile in Gestalt von Tumulten („riots"). Mit ihnen ließ sich eine gewisse Berücksichtigung ihrer Belange erzwingen. So wie das Bürgertum seine Interessen im Parlament geltend machen konnte, obwohl viele Städte überhaupt nicht repräsentiert waren und es kaum bürgerliche Abgeordnete gab, so konnten auch die ganz überwiegend nicht wahlberechtigten und im Unterhaus über keine Abgeordneten verfügenden Unterschichten ihren Interessen Ausdruck verleihen. Den englischen Staat zur Zeit Walpoles, hat der englische Historiker G. M. Trevelyan treffend bemerkt, könne man als „aristocracy tempered by rioting" definieren – als eine durch Volkstumulte gemäßigte oder gebremste Adelsherrschaft.[25]

Im England des 18. Jahrhunderts lassen sich die verschiedensten Formen von Krawallen nachweisen. Es gab „riots" gegen hohe Lebensmittelpreise, gegen Gebühren für die Benutzung von Überlandstraßen, gegen Einhegungen, gegen das Pressen von Matrosen für die Marine. Krawalle entstanden auch bei Lohnkonflikten, bei der Rekrutierung von Soldaten, bei der Verhaftung von Schmugglern und Wilddieben. Es gab überdies Tumulte bei Wahlen, die zumeist mit dem Ziel angestiftet wurden, die Wähler eines Kandidaten vom Wahlakt fernzuhalten. Sie konnten aber auch dadurch ausgelöst werden, daß die Bevölkerung sich auf die eine oder andere Art provoziert fühlte.

„Food riots" waren am häufigsten und bildeten mehr als die Hälfte der Tumulte im England des 18. Jahrhunderts. Sie sollten die Behörden und die Besitzenden dazu zwingen, gegen Preissteigerungen vor allem bei Getreide, Mehl und Brot vorzugehen und zumal die Kornausfuhr zu verhindern. Sie hatten durchaus einen ökonomischen Sinn zu einer Zeit, als England Getreide exportierte und sogar staatliche Zuschüsse bei Getreideexporten gezahlt wurden. Schätzt man doch, daß durch die den Grundherren und Farmern zugutekommenden Exportprämien der Getreidepreis im Inland um bis zu 19 Prozent erhöht wurde.[26]

In der Regel verliefen „riots" nicht chaotisch und undiszipliniert. Sie waren vielmehr zumeist gut organisiert, verfolgten überwiegend sehr präzise Ziele, wollten etwas Bestimmtes erreichen oder verhindern. Sie sollten den Oberschichten, den Friedensrichtern oder auch dem Parlament mit oft symbolträchtigen Handlungen vor Augen führen, was die Akteure als unzumutbar empfanden und wo sie auf Unterlassung oder Abhilfe bestanden.

„Riots" hatten für das bestehende System den Vorteil, als Warnsignale von seiten der Unterschichten zu fungieren und Grenzen des Zumutbaren deutlich zu machen. Sie waren Ventil und Meinungsumfrage zugleich. Sie gaben den Oberschichten die Möglichkeit, bei der Abhilfe von Beschwerden eine paternalistische Rolle zu spielen. Sie vermittelten im Falle des Erfolges der vom förmlichen politischen Prozeß ausgeschlossenen Bevölkerung das Gefühl, ihren Forderungen Geltung verschaffen zu können und eine Berücksichtigung zu finden.

Der Nachteil der Partizipation durch Krawalle bestand darin, daß Protestaktionen einen gänzlich zerstörerischen Charakter annehmen konnten. Das geschah bei den sog. Gordon Riots von 1780 in London, die denn auch die Toleranz der Oberschichten gegenüber Tumulten ganz erheblich verminderten. Außerdem hatte die Partizipation durch Krawalle für die weitere Entwicklung Englands zwei negative Folgen. Zum einen wurde dadurch trotz mancher verbindender ideologischer Gemeinsamkeiten eine schroffe Zweiteilung der englischen Gesellschaft gefördert. Eine Elite, die herrschte und im Parlament die Gesetze machte, und die Masse der Bevölkerung, die sich mit Gewalt oder Gewaltandrohung gegen eine Verletzung ihrer Rechte und Interessen zur Wehr setzte, standen sich gegenüber. Die zweite negative Folge der Symbiose von Elitehandeln und korrigierender Volksaktion bestand darin, daß damit bei den englischen Unterschichten die Perspektive einer konstruktiven Neuordnung blockiert und eine rein defensive Mentalität gefördert wurde.

Sämtliche Historiker, die sich mit den Volksaktionen des 18. Jahrhunderts beschäftigt haben, verweisen auf deren überwiegend defensiven Charakter. Andererseits erblicken Forscher, die sich mit den heutigen Problemen Englands befassen, vielfach eine seiner Schwächen darin, daß es eine Kultur des Abwehrens und Bewahrens und nicht der aktiven Gestaltung besitze. Diese Kultur erscheint besonders bei der Arbeiterschaft sehr ausgeprägt. „Es haftet den Werten der Arbeiterklasse etwas merkwürdig Passives an", konstatiert Ralf Dahrendorf.[27] Auch Richard Hoggart, der selber dem Arbeitermilieu entstammt, betont, wie stark die Arbeiter von einem Defensivreflex bestimmt sind und jedem Wandel ablehnend gegenüberstehen.[28] Ebenso hat unlängst Will Hutton auf die „Tradition einer rein oppositionellen Arbeiterklassenkultur" verwiesen, „die nur mit den Bedingungen am Arbeitsplatz und alten Erinnerungen an den Widerstand gegen Ausbeutung" befaßt ist.[29] Der Historiker muß sich fragen, inwieweit nicht bereits das Zusammenspiel von *agierender* Elite und *reagierenden* Unterschichten im 18. Jahrhundert Verhaltensweisen eingeschliffen hat, die bis heute nachwirken.

## VI. Die erweiterte Adelsherrschaft

Die Herrschaft der traditionellen englischen Elite ist gegen Ende des 18. Jahrhunderts zwar zunächst von der Französischen Revolution und einer von ihr in England ausgelösten radikalen Bewegung herausgefordert worden; letztlich konnte jedoch die um diese Zeit mit den walisischen, schottischen und anglo-irischen Führungsschichten zu einer britischen Elite zusammenwachsende englische Führungsschicht ihre Stellung durch eine insgesamt erfolgreiche Kriegführung sowie den Abschreckungseffekt einer entgleisten Revolution in Frankreich sogar noch festigen. Großbritannien entging überdies trotz eines 22 Jahre dauernden Krieges dem Zwang zur „defensiven Modernisierung" (H.-U. Wehler), da es dem Ansturm des revolutionären und napoleonischen Frankreich weniger unmittelbar ausgesetzt war als die kontinentaleuropäischen Länder. Auch erlaubte es ihm ausgerechnet seine ökonomische Progressivität, an dem alten Militärsystem als dem hervorstechendsten Merkmal des Ancien Régime festzuhalten; seine finanzielle Überlegenheit machte es möglich, auf eine Umwandlung des kostspieligen Söldnerheeres mit seiner aufwendigen Logistik zu verzichten.[1] Die Institutionen des Landes erfuhren in dieser Zeit mächtiger Erschütterungen und großer Reformen in Europa keine Veränderung. Allenfalls läßt sich davon sprechen, daß unter dem Eindruck des Schicksals des französischen Adels die Elite ihren Habitus änderte – aktiver, religiöser und moralischer wurde.[2]

Der Reformgedanke, der in England bereits wegen seiner Verknüpfung mit der Revolution um die Mitte des 17. Jahrhunderts belastet gewesen war, ist durch die Französische Revolution zudem ein weiteres Mal diskreditiert worden. Jede Veränderung wurde jetzt suspekt und konnte als revolutionär gebrandmarkt werden. Jeder alte Mißstand erschien durch die Tradition geheiligt und zur Aufrechterhaltung der Ordnung unentbehrlich. Jede abweichende Meinung kam in den Geruch „französischer Prinzipien".

Der Gedanke einer Reform des Parlaments, um die Sitzverteilung im Unterhaus der Verteilung von Bevölkerung und Reichtum im Land anzupassen, hatte in den 70er und 80er Jahren des 18. Jahrhunderts innerhalb des Adels viele Befürworter gehabt. Selbst William Pitt hatte noch nach seiner Ernennung zum Premierminister im Parlament 1785 einen entsprechenden Vorschlag eingebracht. Gegen Ende des 18. und in den beiden ersten Jahrzehnten des 19. Jahrhunderts war der Reformgedanke bei den Oberschichten durch die Ereignisse in Frankreich jedoch weithin diskreditiert. Eine plebejische Reformbewegung, die sich infolge der Wirtschaftskrise nach 1815 entwickelte und deren Hauptforderungen das allgemeine Wahlrecht sowie jährliche Parlamentswahlen bildeten, blieb ebenso erfolglos, wie es die radikalen Vereine zu Beginn der 1790er Jahre gewesen waren. Sie scheiterte nicht nur an der (relativ maßvollen) Repressionspolitik des Staates, sondern auch an dem konjunkturellen Aufschwung der 1820er Jahre, der ihr den Antrieb wirtschaftlicher Unzufriedenheit entzog.

Im übrigen ist es auffällig, wie sehr die plebejischen Reformer nach den napoleonischen Kriegen, ähnlich wie vor ihnen schon die demokratischen Levellers während der Englischen Revolution und die englischen Radikalen zur Zeit der Französischen Revolution, in der Wahlrechts- und Parlamentsreform ein Allheilmittel erblickten. Selbst die Chartistenbewegung der 1830er und 1840er Jahre, die sich überwiegend auf die Arbeiterschaft stützte und deren „Volkscharter" von 1838 das allgemeine Wahlrecht, die geheime Stimmabgabe, gleiche Wahlkreise, jährliche Wahlen, Abschaffung der Eigentumsqualifikationen für Abgeordnete und Zahlung von Diäten forderte, hat trotz einer antikapitalistischen Rhetorik die politische Stoßrichtung des älteren Radikalismus im wesentlichen beibehalten. Das englische Volk, spottete der dem Parlamentarismus und dem Wahlakt nicht sonderlich geneigte Publizist Thomas Carlyle in seinem 1839 veröffentlichten Aufsatz über den Chartismus, erliege seit langem immer wieder der Vorstellung, daß Reformen in diesem Bereich alle

Übel heilen könnten. Für die Engländer sei das Wahlrecht zu einer fixen Idee geworden.[3]

In der Konzentration selbst der überwiegend von sozialer Not angetriebenen plebejischen Bewegungen auf eine Reform des Parlaments und des Wahlrechts schlug sich einerseits die lange Zeit nicht ganz falsche Diagnose nieder, daß wirtschaftliche Übel überwiegend politische Ursachen hatten, durch Korruption, überflüssige Kriege und übermäßige Steuern entstanden, von Monopolisten, Sinekuristen und Finanziers verursacht wurden. Andererseits sprach daraus aber auch ganz offensichtlich dieselbe Parlamentszentriertheit, die für die Oberschichten charakteristisch war und die ein Merkmal der englischen politischen Kultur darstellt. Diese starke Ausrichtung auf das Parlament wird schlaglichtartig daran deutlich, daß der während des amerikanischen Unabhängigkeitskrieges amtierende Premierminister Lord North bereits als Kind von acht Jahren einen Brief schrieb, in dem er auf eine Wahl zum Unterhaus einging. Sie zeigt sich etwa auch an der Tatsache, daß bei der berühmten Gründungsversammlung der Liberalen die Teilnehmer in Willis's Rooms am 6. Juni 1859 gewohnheitsmäßig eine dem Unterhaus entsprechende Sitzordnung herstellten und in der Mitte des Saals ein Oval freiließen, obwohl der Raum überfüllt war.[4]

Das Wirtschaftsbürgertum war an der Agitation für eine Parlamentsreform lange Zeit unbeteiligt. In den 1820er Jahren wurden die Mittelschichten jedoch aktiv. Ihnen gelang, was dem plebejischen Radikalismus der Nachkriegsjahre nicht gelungen war und was auch später dem Chartismus nicht gelingen sollte. Sie erzwangen eine Reform des politischen Systems und ihre Aufnahme in die „parliamentary classes". Der plebejische Radikalismus hatte, selbst wenn er sich auf politische Reformforderungen beschränkte und sich ausdrücklich auf den Boden der Verfassung stellte, stets den Geruch einer sozialen Gefahr. Das traf für die bürgerliche Reformbewegung nicht zu, selbst wenn sie mit der Revolutionsdrohung arbeitete.

Daß bürgerliche Gruppen in den 1820er Jahren die Forderung nach einer Parlamentsreform erhoben, hatte mehrere Gründe. Wichtig war, daß die abschreckende Wirkung der Französischen Revolution mit zunehmender zeitlicher Entfernung nachließ. Die von ihr erzeugte „Reformblockade" wurde überwunden. Auch war das Selbstbewußtsein des Bürgertums gegenüber den grundbesitzenden Schichten durch seinen wachsenden Wohlstand gestärkt worden. Zudem beurteilte die nationalökonomische Theorie die Grundeigentümer jetzt kritischer. Ricardo konstatierte in der denkbar schroffsten Weise: „Das Interesse der Grundherren ist stets dem Interesse jeder anderen Klasse der Gemeinschaft entgegengesetzt."[5] Am wichtigsten war aber, daß die fortschreitende Industrialisierung das Mißverhältnis zwischen Bevölkerungs- und Reichtumsverteilung auf der einen und der Sitzverteilung im Unterhaus auf der anderen Seite immer größer gemacht hatte. Die Industriestädte erlebten in den 1820er Jahren ein besonders rapides Bevölkerungswachstum. Manchester, Birmingham, Leeds und Sheffield erhöhten ihre Einwohnerzahl zwischen 1821 und 1831 um mehr als 40 Prozent! Das alte Repräsentativsystem war schließlich für eine große Zahl von Zeitgenossen, die um 1830 die Industrielle Revolution überhaupt erstmals als einen umwälzenden und unumkehrbaren Gesamtvorgang erkannten, unerträglich geworden.[6]

Das Problem bestand jedoch darin, wie man das unreformierte Parlament dazu bringen konnte, sich zu reformieren. Eine Chance dafür bot die nach einer Phase der parteipolitischen Konturenlosigkeit allmählich erfolgende Wiederherstellung eines Zweiparteiensystems mit seiner politisch-ideologischen Konkurrenz und der Suche nach Wettbewerbsvorteilen gegenüber dem Rivalen. Die Whigs, die 1797 einen radikalen Reformvorschlag im Parlament eingebracht hatten, deren Reformeifer dann aber erlahmt war, nahmen sich der Forderung nach einer Parlamentsreform von neuem an. Dazu trug die Tatsache bei, daß sie mit nur zwei kurzen Unterbrechungen fast ein halbes Jahrhundert auf die Opposition beschränkt gewesen waren und deshalb kaum mehr besondere Zuneigung zum alten System empfinden konnten.[7] Außerdem waren sie, nachdem der alte Schlachtruf vom Kampf gegen den „geheimen Einfluß" der Krone an Überzeugungskraft verloren hatte, auf der Suche nach einer neuen politischen Daseinsberechtigung. Sie boten sich angesichts der Forderungen von bürgerlicher Seite als Partei des Klassenkompromisses sowie als ausgleichend-stabilisierendes Element zwischen den Kräften der Beharrung und den Kräften der Veränderung an.[8] Eine Parlamentsreform konnte in Übereinstimmung mit der Whig-Interpretation der englischen Geschichte als eine der für England charakteristischen, graduellen Korrekturen dargestellt werden, die eine erforderliche Adaption an veränderte Bedingungen ermöglichten und die Grundprinzipien der Verfassung durch Veränderung ihrer „untergeordneten Teile" aufrechterhielten.

Nachdem das Parlament bereits 1821 der Gemeinde Grampound in Cornwall wegen Korruption das Recht auf Repräsentation aberkannt, ihre beiden Sitze der Grafschaft Yorkshire zugeschlagen hatte und auch durch die Abschaffung der die nichtanglikanischen Protestanten sowie die Katholiken diskriminierenden Gesetze in den Jahren 1828 und 1829 eine Bresche in die alte Ordnung geschlagen worden war, schritt die 1830 von dem Whigpolitiker Lord Grey gebildete Regierung zu einer Reform des Repräsentativ- und Wahlsystems. Die Periode zwischen der Einbringung der ersten Fassung der Reformbill durch Lord John Russell am 1. März 1831 und der Unterzeichnung des Reform Act durch den König am 7. Juni 1832 war politisch außerordentlich bewegt. Es gab eine Parlamentsauflösung mit Neuwahlen, einen vorübergehenden Rücktritt der Regierung Grey, nicht unerhebliche Ausschreitungen und Zerstörungen in einigen Teilen des Landes, zwei Neufassungen der Reformbill und schließlich die dem Monarchen abgerungene Bereitschaft zum Pairsschub, die das Oberhaus zum Einlenken brachte. Das Ergebnis war eine „Halbrevolution" (Bagehot), die zwar das Repräsentativ- und Wahlsystem einschneidend veränderte, aber die gesellschaftliche Machtverteilung im wesentlichen unangetastet ließ.

Der Reform Act von 1832 fügte den etwa 440 000 Wahlberechtigten in England und Wales ca. 200 000 hinzu, was eine Steigerung von 45 Prozent bedeutete. (Die Vergrößerung der Zahl der Wahlberechtigten, die durch ein entsprechendes Reformgesetz in Schottland erfolgte, war ungleich höher.) 18,4 Prozent der erwachsenen englischen Männer waren nunmehr stimmberechtigt.[9] Wählen durften alle diejenigen, die ein Haus besaßen oder gemietet hatten, das steuerlich mit zehn Pfund im Jahr veranschlagt wurde, und die die Steuern dafür selber abführten. Die Unterschichten, die in einigen „boroughs" vor 1832 das Wahlrecht zum Parlament besessen hatten, waren nunmehr von der politischen Partizipation ganz ausgeschlossen. Das erbitterte diejenigen Teile der Arbeiterschaft, die die bürgerliche Reformbewegung unterstützt hatten, und bildete ein wesentliches Antriebsmoment für die Chartistenbewegung der 1830er und 1840er Jahre.

Die Neuverteilung der Unterhaussitze durch den Reform Act von 1832 bedeutete eine Stärkung des städtisch-bürgerlichen Elements bei der Repräsentation. 56 „boroughs" waren im Unterhaus nicht mehr vertreten, dafür wurden 42 neue „boroughs" im Parlament repräsentiert. Diese Umverteilung bedeutete jedoch keinesfalls einen überwältigenden Sieg des Bürgertums. Das Gewicht der alten ländlichen Führungsschichten wurde in einigen Punkten sogar noch verstärkt. Das geschah einerseits durch die Erhöhung der Zahl der (von ihnen beherrschten) Grafschaftssitze, andererseits durch eine „Reagrarisierung" der „counties". „Boroughs", die eine eigene Repräsentation erhielten, wurden aus den umliegenden Grafschaften herausgenommen, die infolgedessen einen ländlicheren Charakter bekamen. Sie waren dadurch der Kontrolle durch die „gentry" stärker unterworfen als vorher.

Der grundherrliche Einfluß wurde außerdem durch die „Chandos Clause" verstärkt, die der Reformbill hinzugefügt worden war. Sie verlieh auch solchen Pächtern, die keine langfristigen Pachtverträge besaßen, das Wahlrecht in den Grafschaften. Dadurch wurde eine Gruppe, die von den Grundbesitzern besonders abhängig war und deren Wahlverhalten bei der nach wie vor offenen Stimmabgabe kontrolliert werden konnte, den Wahlberechtigten hinzugefügt.

In Anbetracht der erwähnten positiven Auswirkungen des Reform Act für die Grundherren läßt sich mit einiger Berechtigung die Ansicht vertreten, daß deren politische Macht 1832 nicht nur nicht geschwächt, sondern sogar gestärkt wurde. Auf jeden Fall wird man von einer Konservierung und Festigung des bestehenden Herrschaftssystems sprechen können. Genau dies lag in der Absicht der Whigs und wurde von ihnen auch offen ausgesprochen. Der Historiker Macaulay, ihr redegewaltiger Wortführer im Unterhaus, stellte seine große Rechtfertigung der Reformbill vom 2. März 1832 unter das zusammenfassende Motto: „Reform, that you may preserve." Macaulays Rede macht überaus deutlich, daß es das Ziel der Reformvorlage war, die Mittelschichten wiederzugewinnen, zufriedenzustellen und dauerhaft zu binden, womit sie als Stützen der bestehenden Ordnung fungieren konnten.[10] Hier sollte gleichsam im Großen geschehen, was die traditionellen Führungsschichten bei einzelnen Bedrohungen von Ruhe und Ordnung im Kleinen schon vorher oft praktiziert hatten: die Hinzuziehung von Angehörigen des Bürgertums. George Eliot läßt denn auch in ihrem Roman „Felix Holt" einen radikalen Arbeiteragitator über die Reformbill sagen, sie sei „nichts anderes als das Einschwören von Hilfspolizisten, um die Aristokraten sicher ihr Monopol behaupten zu lassen."[11] Und der Führer der plebejischen Reformbewegung nach 1815, Hunt, urteilte recht zutreffend, mit der Reformbill sollten die Mittelklassen kooptiert, die morschen Institutionen des Landes gefestigt und die Whigs in die Lage versetzt werden, „die Regierung so weit wie möglich auf die alte Weise fortzuführen."[12]

Die konservative Intention der Reformvorlage kommt nicht zuletzt in der Erwartung der Whigs zum Ausdruck, sie werde endgültig oder jedenfalls für eine sehr lange Periode gültig sein. Macaulay schrieb 1831 an einen Freund, eine Reform des reformierten Parlaments werde hoffentlich erst in der Zeit ihrer Enkel nötig werden.[13] Eine solche Erwartung verkannte, daß der Wettbewerbsdruck des Parteiensystems, der bereits dem Gesetz von 1832 den Weg bereitet hatte, noch ungleich wirksamer werden mußte, nachdem der Bann einmal gebrochen war. Tatsächlich rückte dann knapp zwei Jahrzehnte nach dem ersten Reform Act „die weitere Demokratisierung zu einem Hauptthema des Wettlaufs zwischen den Parteien um Zustimmung auf".[14] Es kam, nach fehlgeschlagenen Anläufen von beiden Seiten, 1867 zu einem zweiten Reform Act, der aufgrund der Konkurrenzsituation radikaler ausfiel, als die meisten Abgeordneten es wünschten. Er gab in den „boroughs" nicht nur den steuerzahlenden Haushaltsvorständen, sondern selbst Untermietern das Wahlrecht, wenn sie mehr als zehn Pfund Miete im Jahre zahlten. Die Anzahl der Wahlberechtigten in England und Wales wurde durch das neue Gesetz mehr als verdoppelt.[15]

Auch der zweite Reform Act bedeutete jedoch nicht das Ende der Adelsherrschaft, die erst im letzten Viertel des 19. Jahrhunderts zu zerbröckeln begann. Regierung und Parlament verloren nur allmählich ihren adligen Charakter (der in der Armee und im auswärtigen Dienst am längsten erhalten blieb). Die Regierung Grey, die den Reform Act von 1832 durchgesetzt hatte, war ihrer Zusammensetzung nach die aristokratischste Regierung gewesen, die England seit dem 18. Jahrhundert gehabt hatte. Das 1859 von Palmerston gebildete Kabinett setzte sich aus sieben Peers, zwei Söhnen von Peers und drei Baronets, aber nur drei Ministern ohne Adelstitel zusammen. Noch im Jahr 1867 stellten die Handels-, Industrie- und Schiffahrtsinteressen nur 122 Abgeordnete im Unterhaus; mehr als 500 Abgeordnete waren dagegen Vertreter der grundbesitzenden Schichten. 326 Mitglieder des House of Commons waren überdies verwandtschaftlich direkt mit der Hocharistokratie verbunden, die im House of Lords ohnehin ihr eigenes Repräsentationsorgan besaß.[16] Auch die Parteien behielten noch lange Zeit ihren Adelscharakter, obwohl sich allmählich moderne Parteibezeichnungen durchsetzten, aus den Whigs Liberale und den Tories Konservative wurden. Die Liberalen waren die Partei, in der nach wie vor die Mitglieder der großen aristokratischen Whigfamilien den Ton angaben. Die Konservativen waren vor allem die Partei der „gentry".

Die politische Dominanz der Grundbesitzer wurde geradezu als Verfassungsmerkmal des Landes betrachtet. Man redete von der „territorial constitution" Englands. Der Konservative Politiker Disraeli sprach 1848 von der aristokratischen Grundordnung („aristocratic settlement") des Landes, die es zu erhalten gelte. Noch 1864 konnte der Premierminister Palmerston schreiben: „Nach unseren gesellschaftlichen Gewohnheiten und unserer politischen Organisation ist der Besitz von Land direkt oder indirekt die Quelle von politischem Einfluß und politischer Macht."[17]

Daß sich ein solches Verfassungsverständnis und die ihm entsprechende faktische Dominanz der grundbesitzenden Führungsschichten solange behaupten konnten, ist auf eine Reihe von Ursachen zurückzuführen. Es war die Folge der weiterhin sehr starken ökonomischen Stellung des Adels, einer Verringerung der Anstößigkeit adliger Herrschaft, einer Berücksichtigung von Massenstimmungen durch Angehörige der Führungselite sowie des Gefühls der Sympathie für bürgerliche, zum Teil sogar für plebejisch-radikale Forderungen.

Betrachtet man zunächst das ökonomische Fundament der britischen Adelsherrschaft im 19. Jahrhundert, so war diese weniger anachronistisch, als man meinen könnte. In ihr spiegelte sich nicht zuletzt die Tatsache wider, daß die Landwirtschaft noch große ökonomische Bedeutung besaß und sich der überwiegende Teil des Vermögens in den Händen von Grundbesitzern befand.[18] Die geringe Zahl von Unternehmern im House of Commons verwies überdies auf den Vorteil, den adlige Muße für eine politische Tätigkeit bot, sowie auf die Schwierigkeit für Angehörige des Bürgertums, zugleich im Wirtschaftsleben und in der Politik aktiv zu sein.

Daß die Herrschaft der traditionellen grundbesitzenden Schichten weniger angreifbar wurde, war in erster Linie auf die Abschaffung der Getreideschutzzölle im Jahre 1846 zurückzuführen. Der Konservative Premierminister Sir Robert

Peel, der die Initiative zur Beseitigung der „corn laws" ergriff und darüber seine Partei spaltete, wollte ganz bewußt die Aristokratie von ihrer gefährlichen Verbindung mit einem selbstsüchtig erscheinenden Agrarprotektionismus befreien. Sie sollte beweisen, daß sie von übergeordneten Gesichtspunkten geleitet wurde, sich am nationalen Interesse orientierte und der von ihr regierte Staat bereit war, alles in seiner Macht Stehende zu tun, um Elend zu lindern.[19] Unter dem zuletzt genannten Aspekt sollte mithin durch eine Politik des Freihandels im Grunde genau das erreicht werden, was die englischen Führungsschichten im 18. Jahrhundert auf sozialpaternalistischem Weg mit dem Mittel der wirtschaftlichen *Regulierung* und *Intervention* in Notzeiten erfolgreich praktiziert hatten.

Die herrschaftsbezogenen Argumente Peels verdeutlichen die konservative Intention, die mit der Aufhebung der Kornzölle ebenso wie mit der Parlamentsreform von 1832 verbunden war. In beiden Fällen sollte Veränderung primär der Erhaltung dienen. Adelsherrschaft sollte weniger anstößig und damit gesicherter werden. Tatsächlich bestand nach der Beseitigung der „corn laws" kaum noch eine größere Animosität des städtischen Bürgertums gegen die grundbesitzenden Führungsschichten. Zeitgenössische Beobachter wie der Romancier Anthony Trollope vermerkten vielmehr, wieviel Hochachtung die meisten Bürgerlichen, die auch für ihre eigene Stellung gegenüber den unteren Klassen auf soziale Ehrerbietung angewiesen waren, dem Inhaber eines Adelstitels zollten. Die Repräsentanten eines „Unternehmerradikalismus" (Searle), die den Kampf gegen die Kornzölle nur als ersten Vorstoß in einer umfassenden Offensive gegen die Adelsherrschaft gesehen hatten, zeigten sich von dem unterwürfigen Verhalten des Bürgertums enttäuscht. „Wie sehr wünsche ich mir", schrieb ihr Wortführer Richard Cobden 1862, „ich könnte den Kaufmanns- und Industriekreisen etwas Selbstachtung beibringen." Von einem Kampf der prosperierenden Mittelklassen gegen den „Feudalismus" erklärte er drei Jahre später, könne keine Rede sein. Sie seien im Gegenteil damit beschäftigt, beim Heraldischen Amt nach Familienwappen zu fahnden.[20]

Flexibilität war für eine Adelsherrschaft im England um die Mitte des 19. Jahrhunderts, nach dem Durchbruch einer (wie auch immer heute in ihrer Begrenztheit gesehenen) Industriellen Revolution, unumgänglich. Sie beschränkte sich nicht auf die Abschaffung der Kornzölle. Die Liberale Partei identifizierte sich darüber hinaus sogar mit dem Freihandel und stellte sich ganz auf den Boden eines städtisch-industriellen England. Besonders Gladstone, der selbst einer Kaufmannsfamilie entstammte, kam als Liberaler Schatzkanzler mit seiner Steuer- und Zollpolitik den materiellen Interessen des Bürgertums entgegen. Seine Religiosität und seine Neigung zur Moralisierung der Politik fanden andererseits eine starke gefühlsmäßige Resonanz und verschafften ihm vor allem bei den protestantischen Nonkonformisten breite Zustimmung. Sein Charisma und seine Fähigkeit zur Mobilisierung von Anhängern verwiesen bereits auf das Zeitalter der Massendemokratie. Ähnliches läßt sich sogar schon von Palmerston sagen, der ein starkes Gespür für nationale Stimmungen besaß. Nach dem Urteil von Alexander Herzen war Palmerston der „beste Metereograph" in England, der den Temperaturzustand der Mittelschichten stets richtig anzeigte.[21] Palmerston appellierte wiederholt an den Chauvinismus der Briten und spielte bei den plebiszitären Wahlen von 1857 anläßlich eines unbedeutenden Zwischenfalls in China mit Erfolg die nationalistische Trumpfkarte aus. Nach dem Tod Palmerstons im Jahre 1865 hat der Konservative Parteiführer Disraeli diese Strategie von ihm übernommen. Die drei genannten Politiker, die sämtlich in ihrer Partei eine gewisse Außenseiterstellung einnahmen und daher in besonderem Maße auf die Unterstützung einer breiteren Öffentlichkeit angewiesen waren, schlugen trotz erheblicher Unterschiede ihrer Herkunft, ihrer Persönlichkeit und ihrer Standpunkte eine Brücke von der oligarchischen zur demokratischen Politik.

Nicht unwichtig für die anhaltende Dominanz des Adels war schließlich auch die Tatsache, daß es seit dem 17. Jahrhundert stets gewisse Verbindungen zwischen Angehörigen der grundbesitzenden Führungsschichten und Volksbewegungen gab. Das erklärt sich zum Teil aus einer starken Affinität der dem Hof, der Regierung und der Macht im allgemeinen mißtrauenden „Country-Ideologie" mit den verschiedenen Spielarten des popularen Radikalismus.[22] Das war aber auch darin begründet, daß unter den hannoverschen Königen zuerst die Tories und dann die Whigs jeweils für lange Zeit von der Regierung ferngehalten wurden. Das stärkte bei den von der Macht ausgeschlossenen Angehörigen des Adels das Mißtrauen gegenüber der Zentralgewalt, schärfte ihren Freiheitssinn und begünstigte ihr Werben um die unteren Schichten. Alle radikalen Reformbewegungen des 18. und des frühen 19. Jahrhunderts haben innerhalb der Oberschichten Befürworter gefunden.

Selbst zur Zeit des Chartismus in den 1830er und 1840er Jahren gab es neben der Entschlossenheit zur Herrschaftsbehauptung auf seiten der Elite doch auch ein gewisses Quantum an Verständnis und Sympathie für die Belange der unteren Schichten, das diese in der Regel von extremen Schritten und Verzweiflungstaten abhielt. Paternalistische Tories bekämpften das neue Armengesetz, das die Chartisten so erbitterte und den Anstoß zu ihrer Bewegung gab. Andererseits weigerten sich die regierenden Whigs mit ihrem besonders ausgeprägten aristokratischen Selbstvertrauen, sich von alarmierten Tories zu Kurzschlußhandlungen gegen die Chartisten hinreißen zu lassen. Sie sahen sich als Partei der Freiheit und als Verteidiger der Volksrechte. Besondere Sympathien für die chartistischen Arbeiter besaß ausgerechnet ein führender Militär, Generalmajor Sir Charles Napier, der als Befehlshaber im Norden Englands die Schlüsselrolle bei der Bekämpfung des militanten Chartismus zugewiesen erhielt. Er versuchte, jeden Konflikt zu vermeiden. Er hatte aufrichtiges Mitleid mit den notleidenden Handwebern und identifizierte sich mit der chartistischen Forderung nach dem allgemeinen Wahlrecht.

Oft genug war freilich das Eintreten von Adligen für Volksbewegungen eher eine Variante exzentrischen Verhaltens –

eine Art von Gourmandise – und hatte mit einer egalitären Neigung ihrerseits nichts zu tun. Der Weber und Dichter Samuel Bamford fühlte sich auf dem Landsitz eines adligen Förderers der plebejischen Reformbewegung in den Jahren nach 1815 nur als ein „very humble guest". Die Barrieren der gesellschaftlichen Rangordnung wurden, wie er erkennen mußte, durch die politische Zusammenarbeit nicht durchbrochen. Es blieb bestehen, was Bamford ein Gefühl des „classism" nannte und, ähnlich wie später George Orwell, als „Fluch Englands und der Engländer und auch der Engländerinnen" bezeichnete.[23]

Der Publizist William Hazlitt hat in seinem Essay über Lord Byron eine Erklärung für die radikale Haltung mancher Adliger geliefert. Er verglich sie mit der eines Mannes, der seiner Stellung überdrüssig sei und ein perverses Vergnügen daran finde, sich für jemand auszugeben, der er nicht sei. So verhalte es sich mit Lord Byrons „Liberalismus". Daß er „Prinzipien der Gleichheit" prätendiere, hindere ihn nicht, sein Privileg als Peer geltend zu machen.[24] In dem Roman „Portrait of a Lady" von Henry James wird die Protagonistin in sehr ähnlicher Weise darüber belehrt, daß der von einigen englischen Adligen vertretene Radikalismus sehr theoretisch sei und eine Art von Krönung ihres Luxus darstelle: Mit ihren „progressiven Ideen" fühlen sie sich „moralisch, und sie schaden dennoch nicht ihrer Stellung. Sie halten sehr viel von ihrer Stellung; laß' Dir von keinem von ihnen weißmachen, daß es nicht so sei . . ."[25]

## VII. Die Demokratisierung und die Entwicklung zum Sozialstaat

In den 1870er und 1880er Jahren wirkte eine Reihe von Faktoren zusammen, die eine Bresche in die Adelsherrschaft schlugen. Die Agrardepression und sinkende Getreidepreise raubten ihr die wirtschaftliche, die Einführung des geheimen Wahlrechts im Jahre 1872 und die Wahlrechtsreform von 1884 entzogen ihr die politische Grundlage. Das geheime Stimmrecht war für die Grundherren um so nachteiliger, als der Franchise Act von 1884 auch den Landarbeitern das Wahlrecht gab. Insgesamt wurden durch das dritte Reformgesetz etwa 60 Prozent der Männer stimmberechtigt. Das Schwergewicht des politischen Systems verlagerte sich vom Land auf die Stadt.[1] Der mit dem Franchise Act verbundene Redistribution Act verteilte 138 Sitze neu, wobei Einmannwahlkreise jetzt die Regel wurden. London erhöhte die Zahl seiner Abgeordneten von 22 auf 68.[2]

Die Folgen der dritten Parlamentsreform zeigten sich sogleich in der sozialen Zusammensetzung des Unterhauses. Zum ersten Mal bildeten in ihm die Angehörigen der grundbesitzenden Schichten nicht mehr die Majorität, und ihr Anteil verringerte sich von Wahl zu Wahl immer mehr.[3] Im letzten Jahrzehnt des 19. Jahrhunderts stellten die kommerziellen und industriellen Klassen eine knappe Mehrheit von Sitzen im House of Commons.[4] Die Frage ist freilich, ob dieser Veränderung noch sehr große faktische Bedeutung zukam, da um diese Zeit die grundbesitzende und die wirtschaftsbürgerliche Elite ohnehin immer mehr zu einer Einheit zusammenwuchsen und in der Konservativen Partei ihren gemeinsamen politischen Wortführer fanden.

Ihre beherrschende Stellung im Oberhaus behielten die grundbesitzenden Schichten sehr viel länger als im Unterhaus. Am längsten hielten sie ihren überproportionalen Anteil an den Regierungen. Es war insgesamt ein sich sehr lange hinziehender, allmählicher Rückzug von der Macht. Mit subtiler

Ironie hat David Cannadine diesen Prozeß charakterisiert, wenn er schreibt: „Im Unterschied zu den anderen großen Aristokratien Europas waren die britischen Patrizier nicht die Opfer von Bürgerkrieg, bewaffneter Invasion, proletarischer Revolution oder militärischer Niederlage. In angemessener Übereinstimmung mit ihren eigenen Whigvorstellungen über die britische Vergangenheit stieg die um die Mitte des 19. Jahrhunderts mächtigste Aristokratie allmählich und sacht ab ..."[5]

Dem entsprach der Gradualismus bei der Schaffung einer politischen Demokratie und der Einführung sozialpolitischer Maßnahmen. Beide Ebenen verbanden sich bei dem auf die Gesetzgebung von 1884 folgenden, nächsten großen Demokratisierungsschub, der den entscheidenden Schritt zur Entmachtung des Adels darstellte: der Verabschiedung des Parliament Act von 1911.

Die Unterhauswahl von 1906 hatte, nach einem Jahrzehnt Konservativer Regierungen, zu einem überwältigenden Sieg der Liberalen Partei geführt. Die Liberalen hatten offenbar aus der Sackgasse, in die sie durch das beharrliche Eintreten Gladstones für die Autonomie Irlands („Home Rule") geraten waren, wieder herausgefunden. Sie profitierten davon, daß die durch den Burenkrieg um die Jahrhundertwende entfachte imperialistische Stimmung einer Ernüchterung gewichen war und die Konservative Regierung die Nonkonformisten durch ein Schulgesetz aufgebracht hatte, das die Finanzierung kirchlicher Schulen aus öffentlichen Mitteln vorsah und damit gegen das von ihnen vertretene Prinzip einer Trennung von Kirche und Staat verstieß. Die Wahlen von 1906 waren die letzten in der englischen Geschichte, in denen eine religiöse Frage eine wesentliche Rolle spielte.

Die Liberalen, die unter dem Einfluß eines sozialpolitisch aufgeschlossenen „New Liberalism" standen, sahen sich trotz des großen Wahlerfolgs bei der Verwirklichung ihres Gesetzgebungsprogramms durch die Opposition des ganz überwiegend aus Konservativen Peers gebildeten House of Lords behindert. Nachdem das Oberhaus bereits mehrere vom Unterhaus verabschiedete Gesetze zurückgewiesen hatte, kam es über das vom Liberalen Schatzkanzler Lloyd George 1909 vorgelegte „Volksbudget" zum Konflikt. Dieses Budget sah zur Finanzierung der Sozialpolitik sowie der wegen der deutschen Flottenrüstung notwendig gewordenen Ausgaben für den vermehrten Bau von Schlachtschiffen eine erhöhte Steuerbelastung der vermögenden Schichten vor. Besonders die Grundherren wurden von neuen Steuern betroffen und fühlten sich herausgefordert. Der Haushalt wurde vom Oberhaus im November 1909 mit 350 gegen 75 Stimmen abgelehnt. Die alte grundbesitzende Elite reagierte auf das, was der ehemalige Liberale Premierminister Lord Rosebery als „soziale und politische Revolution ersten Ranges" bezeichnete, mit einem verfassungsrechtlich präzedenzlosen Akt des Widerstandes. Denn bis dahin war es üblich gewesen, daß das House of Lords bei Finanzgesetzen sein Vetorecht nicht ausübte.

Nach zweimaligen Neuwahlen im Jahre 1910, deren Ergebnis die Liberale Regierung faktisch in Abhängigkeit von den irischen Abgeordneten brachte und damit das Irlandproblem von neuem aufrollte, wurde 1911 der Parliament Act verabschiedet. Er nahm dem Oberhaus die Befugnis, finanzielle Maßnahmen abzulehnen. Darüber hinaus konnte es alle anderen Gesetzesvorlagen, an denen das Unterhaus festhielt, nur noch um höchstens zwei Jahre verzögern. Daß diese Neuregelung durchging, war vor allem auf die dem neuen Monarchen, Georg V., abgerungene Einwilligung zur Drohung mit einem Pairsschub zurückzuführen. Damit wiederholte sich, was 1832 beim Zustandekommen des ersten Reform Act geschehen war. Die von den Lobrednern des englischen Verfassungssystems so oft gepriesene Dreiteilung von King, Lords und Commons erwies sich in der Tat in entscheidenden Phasen der Verfassungsentwicklung als ein Stabilitätsfaktor, der evolutionären Wandel ermöglichte.

Im übrigen beschränkte sich der Demokratisierungsschub, der mit dem Parliament Act von 1911 bewirkt wurde, nicht auf die Beschneidung der Rechte des Oberhauses. Das Gesetz verkürzte auch die Legislaturperioden von sieben auf fünf

Jahre. Der Septennial Act von 1716 hatte einst die „Ära der Oligarchie" eingeleitet, der Parliament Act von 1911 war ein Markstein auf dem Weg zur Demokratie in Großbritannien.

Ein weiterer Demokratisierungsschub erfolgte durch den Representation of the People Act von 1918. Wie in Preußen das Dreiklassenwahlrecht, so war auch in Großbritannien das beschränkte Wahlrecht durch den Ersten Weltkrieg unter Druck geraten. Auch dort hatte, nach der treffenden Formulierung des Historikers Peter Clarke, der Krieg Arbeiter in Soldaten verwandelt, die den unbestreitbaren Anspruch erhoben, als Bürger betrachtet zu werden.[6] Im Unterschied zu den preußischen Konservativen, die bis zuletzt diesem Anspruch widerstrebten, gaben die britischen Konservativen nach.[7]

Durch den Representation of the People Act von 1918 wurden nunmehr alle erwachsenen Männer wahlberechtigt. Das bis dahin bestehende Wahlsystem hatte einen großen Teil der Soldaten, die Empfänger von Armenunterstützung, Bedienstete ohne eine eigene Wohnung, eine bestimmte Kategorie von Untermietern und Söhne ausgeschlossen, die bei ihren Eltern wohnten, aber nicht über ein eigenes Zimmer verfügten. Die traditionelle Verbindung von Wahlrecht und Eigentum war durch die drei ersten Reformen rationaler gestaltet worden, und man hatte das Eigentumserfordernis vermindert. Grundsätzlich war es jedoch nicht aufgegeben worden. Jetzt entfiel es gänzlich, wodurch der faktische Ausschluß von schätzungsweise 40 Prozent der erwachsenen Männer vom Wahlrecht, der sich nicht zuletzt auch aus den Wohnsitzbestimmungen ergeben hatte, aufgehoben wurde. Zugleich erhielten die meisten Frauen, die älter als 30 Jahre waren, das Wahlrecht. Das war für den Reformgradualismus charakteristisch, der die britische Entwicklung durchweg auszeichnete. Erst 1928 wurden auch erwachsene Frauen unter 30 Jahren wahlberechtigt. Das allgemeine Wahlrecht, das die britischen Oberschichten lange Zeit so gefürchtet hatten, gerade weil das Parlament von Westminster im Unterschied zu anderen Volksvertretungen das tatsächliche Machtzentrum im politischen System bildete, war nahezu hundert Jahre nach der ersten Reformbill in umfassender Weise Wirklichkeit geworden.[8]

Damit wurde zugleich die Grundlage für eine Umbildung des Parteiensystems und die Voraussetzung für den Durchbruch einer eigenständigen Arbeiterpartei geschaffen. Eine solche hat es nach dem Ende der Chartistenbewegung um die Mitte des 19. Jahrhunderts nicht mehr gegeben. Es war eine „Entradikalisierung" der englischen Arbeiter erfolgt, die sich ganz überwiegend auf die Wahrnehmung ihrer Interessen durch gewerkschaftliche Tätigkeit konzentrierten. Sie ist darauf zurückzuführen, daß einerseits Krone und Parlament eine ideologische Hegemonie ausübten, andererseits die herrschenden und besitzenden Schichten freie Lohnvereinbarungen in Form des „collective bargaining" gestatteten.[9] Politisch hatten sich die Gewerkschaften vor allem an die Liberale Partei angelehnt, die seit dem Auszug der Whigs und der Finanzbourgeoisie Mitte der 1880er Jahre überwiegend zu einer Partei der unteren Mittelschichten und Arbeiter geworden war. Obwohl Ende des 19. Jahrhunderts etwa 75 Prozent der Bevölkerung zur Arbeiterklasse gehörten, kam es erst im Jahre 1900 auf seiten der Gewerkschaften zu dem Entschluß, der Arbeiterbewegung auch ein politisches Standbein zu geben. Die mangelnde Bereitschaft der Liberalen, Arbeiter als Kandidaten bei den Unterhauswahlen aufzustellen, und vor allem die mangelnde Unterstützung bei der gesetzlichen Absicherung von Arbeitskämpfen führten zu der Entscheidung, ein Labour Representation Committee zu gründen, das dann 1906 in Labour Party umbenannt wurde. Kleinere sozialistische Gruppen wie die 1893 entstandene Independent Labour Party Keir Hardies waren an der Gründung beteiligt. Die Labour Party gab sich jedoch erst 1918 ein sozialistisches Programm und blieb in vieler Hinsicht ein Annex der Gewerkschaften, die mit ihren kompakten Stimmblöcken die Parteitage beherrschten.

Im Unterschied zu den Arbeiterbewegungen anderer Länder ist die britische Arbeiterbewegung durch den Ersten Weltkrieg trotz der in ihr vertretenen unterschiedlichen Positionen nicht anhaltend gespalten worden. Vielmehr gelang es ihr auf erstaunliche Weise, die Vorteile einer Kooperation im Rahmen der Kriegswirtschaft für die Arbeiterschaft zu nutzen und zugleich von einer kritischen Haltung gegenüber der Außen- und Kriegspolitik zu profitieren, die wegen der starken moralischen Tradition in England besonders unter Intellektuellen großen Anklang fand.[10] Bei den Wahlen von 1918 erhielt die Labour Party 22,7 Prozent der abgegebenen Stimmen. Sie löste die Liberale Partei als die wichtigste Partei des Fortschritts ab. 1924 bildete sie dann zum ersten Mal die Regierung, bei der es sich freilich um ein kurzlebiges Minderheitskabinett handelte.

Die Angst der Ober- und Mittelschichten vor dem allgemeinen Wahlrecht, die den Prozeß der Demokratisierung so langwierig gestaltet hatte, war mit dem Representation of the People Act von 1918 nicht erloschen, sondern erhielt jetzt verstärkt die konkrete Form einer Furcht vor dem Aufstieg der Labour Party.[11] Als Mittel gegen diese Gefahr betrachtete man vielfach die Gründung einer großen Sammlungspartei oder eine dauerhafte Koalition von Konservativen und Liberalen. Die Koalitionsidee war in Gesprächen zwischen führenden Politikern der beiden Parteien angesichts des Problemstaus der letzten Vorkriegsjahre bereits vor 1914 erörtert worden. Diese Kontakte führten jedoch zu keinem Ergebnis.[12] 1915 kam es dann zu einer Kriegskoalition, wobei zunächst der Liberale Asquith als Premierminister weiter amtierte, dann aber 1916 durch seinen Parteifreund Lloyd George verdrängt wurde. Die Koalition ist auch nach Kriegsende zunächst fortgesetzt worden, fand jedoch 1922 durch eine Revolte der Konservativen Hinterbänkler ein Ende. Das Koalitionskonzept blieb freilich – mit dem Blick auf die Labour Party – für manche Politiker das Ideal.

Die „Sammlungspolitik" in Gestalt einer förmlichen Koalition oder in Form einer Parteineugründung erwies sich freilich kaum als notwendig. Eine Sammlung wurde von der in der Zeit zwischen den beiden Weltkriegen dominierenden Konservativen Partei im wesentlichen auch allein erreicht. Es gelang ihr, einen großen Teil der Gesellschaft oberhalb der Arbeiterklasse zusammenzufassen (und überdies von vielen Arbeitern gewählt zu werden). Diese Zusammenfassung, die nach außen hin in der bürgerlichen Einheitsfront gegen den 1926 über einen Konflikt im Kohlebergbau ausbrechenden Generalstreik sichtbar wurde, erfolgte mit der Spitze gegen die organisierte Arbeiterschaft. Es entsprach allerdings der bereits erwähnten englischen Tradition, daß sich einzelne Angehörige der Oberschichten wie der frühere Liberale Kriegsminister Haldane und selbst der Sohn des Konservativen Premierministers Baldwin der Labour Party zur Verfügung stellten. Auch geschah die Zusammenfassung nicht in der massiv-brutalen Form, wie es im Deutschen Kaiserreich mit der Agitation gegen die „Reichsfeinde" und die „vaterlandslosen Gesellen" versucht worden war. Sie erfolgte vielmehr auf die feinere englische Art durch negative soziale Stereotypen und in Gestalt der Zurückweisung angeblich maßloser, die wirtschaftliche Stabilität gefährdender ökonomischer Ansprüche der Arbeiter.[13]

Das Ergebnis dieser Strategie war die weitgehende Neutralisierung des von der Labour Party 1918 erreichten Positionsgewinns, so daß die von dieser Partei 1924 und 1929 gebildeten Regierungen nur Minderheitskabinette darstellten, deren Spielraum außerordentlich begrenzt war. Die zweite Labourregierung wurde zudem durch ihre eigene Konzeptionslosigkeit gegenüber der Weltwirtschaftskrise gelähmt. Es kam 1931 über die Frage der Arbeitslosenunterstützung zur Spaltung der Partei sowie zu einer „nationalen" Koalitionsregierung mit den Konservativen und einem Teil der Liberalen, in welcher der Premierminister Ramsay MacDonald mit einigen Labourministern weiter amtierte. Das Schwergewicht dieser Koalitionsregierung, die bei den Wahlen von 1931 und 1935 einen überwältigenden Sieg errang, lag eindeutig bei den Konservativen. Deren Parteiführer Stanley Baldwin übernahm denn auch nach dem Rücktritt MacDonalds 1935 das Amt des Premierministers. Ihm folgte zwei Jahre später sein Parteifreund Neville Chamberlain.

Der auf Erhaltung des Friedens um nahezu jeden Preis gerichtete außenpolitische Kurs Chamberlains gegenüber dem nationalsozialistischen Deutschland, der gemeinhin mit dem Begriff „Appeasementpolitik" charakterisiert wird, war ebenso wie der innenpolitische Kurs seiner Partei nach 1918 in hohem Maße von der Absicht bestimmt, das gesellschaftliche System und die Machtverteilung in Großbritannien zu erhalten. Die Außenpolitik Chamberlains wurde nicht zuletzt von der Intention geleitet, eine Aufwertung der Arbeiterschaft und eine Stärkung ihrer Organisationen, wie sie sich im Ersten Weltkrieg vollzogen hatten, zu verhindern.[14]

Was Chamberlain als unerwünschte Folge eines Krieges vorausgesehen hatte, ist tatsächlich eingetreten. Der Zweite Weltkrieg hat, noch mehr als der Erste Weltkrieg, die Arbeiterbewegung in Großbritannien gestärkt. Der massige und selbstbewußte Gewerkschaftsführer Ernest Bevin, der im Mai 1940 zusammen mit anderen Labourpolitikern in die von Winston Churchill geführte und verbreitete Koalitionsregierung eintrat, wirkte wie ein Symbol dieser Arbeitermacht. Umgekehrt war das Prestige der Konservativen Führungsschicht durch die Appeasementpolitik und ihre das Land an den Rand der Niederlage treibende Inkompetenz schwer beeinträchtigt.

Zu den Konsequenzen der neuen innenpolitischen Machtverteilung und des Angewiesenseins auf die Arbeiterklasse im Krieg gehörte nicht nur eine Berücksichtigung ihrer aktuellen Forderungen in bezug auf Ernährung, Arbeitsbedingungen und Sozialleistungen, sondern auch eine veränderte Perspektive in Hinblick auf die Nachkriegsordnung. Die Erkenntnis war allgemein, daß es nicht einfach zu einer Rückkehr zum Status quo ante kommen durfte. Unter dem Einfluß des Krieges vollzog sich eine Ausweitung des Freiheits- und Demokratiebegriffs ins Wirtschaftlich-Soziale. Selbst die „Times" erklärte 1940, eine Demokratie, die über das Stimmrecht das Recht auf Arbeit vergesse, verdiene ihren Namen nicht.[15]

Der Zusammenhang zwischen dem Kriegseinsatz der arbeitenden Bevölkerung und dem Versprechen einer besseren Gesellschaft nach dem Krieg wurde von Bevin in einer Unterhausrede vom 21. Juni 1944 eindrucksvoll dargestellt. Bevin schilderte, wie er zusammen mit Churchill nach Nordafrika gehende britische Soldaten verabschiedete und dabei von ihnen mit einer einzigen Frage konfrontiert wurde: „Ernie, wenn wir diese Arbeit für dich getan haben, müssen wir dann wieder von der Arbeitslosenunterstützung leben?" Seine und des Premierministers Antwort, so Bevin, sei nein gewesen; und diese Antwort müsse nicht nur für diese tapferen Männer, sondern auch für „künftige Generationen zu einer Tatsache" gemacht werden.[16]

Man begann bereits während des Krieges mit Planungen für die Nachkriegsordnung. Unter ihnen hat der ein umfassendes und einheitliches System der Sozialversicherung entwerfende Beveridge Report vom November 1942 die größte Bedeutung erlangt. Obwohl er unter einem überaus trockenen bürokratischen Titel erschien, wurde er sogleich ein Bestseller, von dem 653 000 Exemplare verkauft wurden. Nicht alle stellten sich freilich auf den Boden dieses Berichts. Der Direktor der britischen Arbeitgeberorganisation erklärte, man sei nicht in den Krieg eingetreten, um das Sozialwesen zu verbessern, sondern um die Gestapo aus England fernzuhalten. Auch Churchill versuchte zunächst, die vom Beveridge Report angeschnittenen Fragen auf die Zukunft zu verschieben. Er sah sich indes angesichts der verbreiteten Enttäuschung über diese Haltung gezwungen, im März 1943 in einer Rundfunkrede für eine umfassende Sozialversicherung „von der Wiege bis zum Grabe" einzutreten.[17]

Meinungsumfragen zeigten jedoch, daß große Teile der Bevölkerung solche Zusicherungen von Konservativer Seite mit Skepsis betrachteten, und wiesen auf einen Trend innerhalb der Wählerschaft zugunsten der Labour Party bereits seit Ende des Jahres 1942 hin. Bei den Wahlen vom Juli 1945 errang die Partei dann – zur Überraschung ihrer eigenen Führungsgruppe, die zum Teil sogar die Koalition hatte fortsetzen wollen – einen großen Wahlsieg. Labour erhielt 47,8 Prozent, die Konservative Partei nur 39,8 Prozent der abgegebenen

Stimmen. Der Wahlerfolg der Labour Party ist ganz überwiegend auf das veränderte Wahlverhalten der Arbeiterschaft zurückzuführen. Hatten sich in den 1930er Jahren 50 Prozent der Arbeiterwähler für die Konservativen entschieden, so sank dieser Anteil jetzt auf 30 Prozent.[18] Diese Veränderung hatte offenbar mit einem grundlegenden Wandel zu tun und stand im Zusammenhang mit dem Abbau einer Ehrerbietungshaltung gegenüber den Oberschichten. Passivität, Fatalismus und Fügsamkeit waren einer Untersuchung von „Mass Observation" aus dem Jahre 1944 zufolge durch den Krieg innerhalb der Bevölkerung zurückgedrängt worden.[19]

Hatte der Erste Weltkrieg zur Einführung einer Demokratie in Großbritannien geführt, so führte der Zweite Weltkrieg zur Schaffung eines Wohlfahrtsstaates. Die politischen Bürgerrechte wurden im Juli 1945 von den Wählern dazu benutzt, um sie durch soziale Bürgerrechte zu ergänzen. Dabei knüpften die Sozialreformen der Labourregierung an die Sozialgesetzgebung der Liberalen Regierung vor dem Ersten Weltkrieg an, weshalb man nicht zu Unrecht Lloyd George als den eigentlichen Begründer des britischen Wohlfahrtsstaates bezeichnet hat.[20] 1906 hatte man sich entschlossen, in den Schulen freie Mahlzeiten für Kinder kinderreicher Familien auszugeben. 1909 wurde eine Altersversorgung für sozial Schwache, 1911 eine begrenzte Arbeitslosen- und Krankenversicherung eingeführt. Das Neue an dem National Insurance Act und dem National Health Service Act der Labourregierung im Jahr 1946 war die Tatsache, daß alle von ihnen erfaßt wurden (obwohl es jedem freistand, sich zusätzlich noch privat zu versichern). Durch diese Universalisierung wurde das der öffentlichen Unterstützung anhaftende Stigma, das vom Armengesetz des Jahres 1834 durchaus beabsichtigt gewesen war und geradezu seine raison d'être gebildet hatte, beseitigt. Der 5. Juli 1948 wurde in England zum Tag des Wohlfahrtstaates. An ihm trat der staatliche Gesundheitsdienst ins Leben, bei dessen Planung der linke Labourpolitiker Bevan federführend gewesen war.

Daß der Terminus Wohlfahrtstaat in bezug auf das von der

Labourregierung geschaffene System kein leeres Wort war – selbst wenn sich die Vermögensverteilung kaum änderte und die Privatschulen sogar einen bis dahin nicht gekannten Aufschwung erlebten –, das zeigen die Untersuchungen Rowntrees. Hatten in York im Jahre 1936 über 30 Prozent der Bevölkerung unterhalb der Armutsgrenze gelebt (ein schockierender Befund, der 1941 veröffentlicht wurde und den Beveridge Report maßgeblich beeinflußte), so waren es 1951 nur noch 2,8 Prozent.[21] An diesem günstigen Ergebnis, bei dem von Rowntree möglicherweise die Wirklichkeit etwas zu positiv beurteilt worden war,[22] hatte jedoch nicht nur die Sozialgesetzgebung der Regierung Attlee, sondern auch die Vollbeschäftigung der Nachkriegsjahre einen wesentlichen Anteil. Das Problem der Arbeitslosigkeit schien beseitigt. Sie sank von 1,7 Prozent im Jahre 1946 auf 1,1 Prozent im Jahre 1951.[23] Die Vollbeschäftigung und der unter Attlee geschaffene Sozialstaat blieben auch in der langen Phase Konservativer Regierungen unter Winston Churchill, Anthony Eden, Harold Macmillan und Alec Douglas-Home zwischen 1951 und 1964, trotz einer zu dem Ethos der Attleeregierung im Widerspruch stehenden starken Betonung des individuellen Konsums, erhalten. Die Konservativen konnten dabei auf den sozialpaternalistischen Traditionsstrang ihrer Partei zurückgreifen,[24] der letztlich im Paternalismus des Adels und dem Prinzip des „noblesse oblige" seinen Ursprung hatte. Zudem hatte Macmillan in den 30er Jahren zu den wenigen Politikern gehört, die unter dem Einfluß der Theorie von Keynes ernsthaft an Plänen zur Bekämpfung der Arbeitslosigkeit mitgewirkt hatten. 1936 hatte Macmillan sogar erklärt: „Der Toryismus ist immer eine Form des paternalistischen Sozialismus gewesen."[25]

Auf die Dauer erwies sich jedoch der 1945 eingeschlagene Weg wegen der geringen Leistungsfähigkeit der britischen Wirtschaft als problematisch. Es rächte sich, daß die Regierung Attlee es unterlassen hatte, durch langfristige Planung eine Produktivitätssteigerung der Wirtschaft zu gewährleisten und durch Einführung der gewerkschaftlichen Mitbestimmung das Arbeitsklima in der Industrie zu verbessern.[26] Hier zeigte es sich als nachteilig, daß Großbritannien zu den Siegernationen gehörte. Denn das führte verständlicherweise zu einer gewissen nationalen Selbstzufriedenheit und erschwerte die notwendigen Reformen sowie die Revision überkommener und eingeschliffener Verhaltensweisen. Es schien zu genügen, wenn man die im Krieg bewiesene nationale Solidarität durch eine fortschrittliche Sozial- und Vollbeschäftigungspolitik honorierte und in die Friedenszeit hinüberrettete.

Hinzu kam, daß die hohen Militärausgaben eine starke direkte Belastung darstellten und häufig auch indirekt die Wirtschaft schädigten, indem sie zum Devisenabfluß beitrugen, das Pfund unter Druck setzten und die Regierungen zu konjunkturdrosselnden Maßnahmen veranlaßten. Die britischen Militärausgaben lagen stets weit über dem, was etwa die Bundesrepublik für die Verteidigung aufbrachte. 1950 gab Großbritannien sogar einen größeren Anteil seines Bruttosozialprodukts für die Verteidigung aus als die Vereinigten Staaten.[27] Teilweise resultierte das aus den Kosten der Britischen Besatzungszone in Deutschland sowie dem Kalten Krieg. 1950, als ein militärischer Zusammenstoß mit der Sowjetunion unmittelbar bevorzustehen schien, wurde von der Labourregierung ein gewaltiges Rüstungsprogramm beschlossen. Es veranlaßte sie zur Einführung einer Selbstbeteiligung von Patienten im staatlichen Gesundheitsdienst, die den Rücktritt Bevans sowie einen anhaltenden Bruch innerhalb der Labour Party nach sich zog.

Zum Teil ergaben sich die hohen britischen Militärausgaben jedoch aus dem beharrlichen Festhalten am Großmachtstatus und an imperialen Positionen. Man wird an die Warnung Cobdens erinnert, der bereits 1835 auf den Niedergang Spaniens infolge seines „transatlantischen Ehrgeizes" hingewiesen und die Frage gestellt hatte, ob Großbritannien nicht ein ähnliches Schicksal bevorstehe.[28] Auch Labourregierungen waren nicht bereit, die britische Großmachtrolle aufzugeben. Die kostspielige Atomrüstung wurde von Attlee und seinem Außenminister Bevin mit großer Selbstverständlichkeit vorangetrieben. Zudem war man durchaus nicht willens, mehr imperiale Stellungen zu räumen, als man mußte. War man gezwungen, sich zurückzuziehen – wie aus Indien im Jahre 1947 –, versuchte man, anderswo strategische Ersatzpositionen aufzubauen und in den unabhängig werdenden Staaten im Rückgriff auf die Tradition des „informal empire" ohne förmliche Herrschaft weiterhin politischen und wirtschaftlichen Einfluß auszuüben.[29] Diese relativ flexible Strategie der Positionsbehauptung fand die Unterstützung der Vereinigten Staaten, die in der Zeit des Kalten Krieges gegenüber der Stellung Großbritanniens in Asien und Afrika eine positivere Haltung einnahmen als während des Zweiten Weltkrieges.[30]

Seine Devisenprobleme gaben Großbritannien einen besonderen Grund, an den überseeischen Besitzungen in der einen oder anderen Form festzuhalten. Man kann sogar sagen, daß die ökonomischen Zwänge zur Nutzung und Entwicklung überseeischer Gebiete in der Geschichte des Empire noch niemals so stark waren wie in den Jahren nach 1945. Auf die wirtschaftliche Erschließung der afrikanischen Kolonien, deren Unabhängigkeit man noch in weiter Ferne glaubte, setzte man innerhalb der Labour Party nach dem Zweiten Weltkrieg wegen der Dollarknappheit ganz besonders große Hoffnungen. Es läßt sich behaupten, daß die 1945 gebildete Labourregierung von den Möglichkeiten einer Nutzung des Empire großartigere Vorstellungen hatte als irgendeine andere Regierung seit den Tagen, als Joseph Chamberlain Kolonialminister war. Attlee stellte sogar die Frage, ob man nicht afrikanische Truppen die traditionelle Rolle der indischen Armee als eines Instruments britischer Außenpolitik und Kriegführung übernehmen lassen könne.[31]

Wie wirtschaftliche Zwänge einerseits, Großmachtillusionen und Furcht vor dem Abstieg andererseits noch lange nach dem Ende des Zweiten Weltkrieges eine imperiale Vision erzeugen konnten, macht ein Kabinettsmemorandum des damaligen Ministers für Wohnungsbau, Harold Macmillan, vom Juni 1952 deutlich. In ihm verwies der spätere Konservative Premierminister auf die Notwendigkeit, wegen der

Wettbewerbsschwäche der britischen Wirtschaft den Handel mit dem Sterlingbereich zu intensivieren. Er sah darin jedoch zugleich die Chance, die „nationale und imperiale Stärke" Großbritanniens wiederzuerrichten und eine „Vision des gelobten Landes" zu eröffnen. Macmillan schloß sein Memorandum mit den Sätzen: „Wir sehen uns im Innern mit einer ständigen Intensivierung von Klassenkämpfen und jenem Gefühl der Frustration konfrontiert, das zur Ablehnung aller bestehenden Institutionen führt; wir werden uns möglicherweise gleichzeitig dem Zerbrechen des Commonwealth und unserem Niedergang zu einer zweitrangigen Macht gegenübersehen. Ich sehe keinen Ausweg aus diesen Gefahren als die furchtlose Proklamierung einer Politik, die die Massen inspiriert sowie ihren Stolz und ihr Vertrauen wiederherstellt. Das ist die Alternative – das Abgleiten in einen schäbigen und matschigen Sozialismus oder der Marsch in das dritte britische Empire."[32] Selten ist eine sozialimperialistische Strategie so klar und unverhohlen formuliert worden wie in diesem Memorandum eines führenden Konservativen Politikers in der Endphase des britischen Weltreiches. Selten ist sie aber auch so unrealistisch gewesen wie zu diesem Zeitpunkt.

Handelte es sich bei diesem Appell zum Aufbruch in ein drittes britisches Empire mit seiner ausgeprägten sozialimperialistischen Perspektive auch um ein extremes Dokument imperialen Denkens, so bestand doch zwischen den Regierungen der Konservativen und der Labour Party hinsichtlich der Prägekraft der imperialen Tradition letztlich kein Unterschied. Der Parteiführer der Labour Party, Gaitskell, appellierte auf dem Parteitag von 1962 im Kampf gegen den Beitritt zur EWG (der erst 1973 vollzogen wurde) an ein historisches Sonderbewußtsein. Er beschwor dabei die Schlachten des Ersten Weltkrieges, in denen die Truppen Großbritanniens und seiner Dominions gemeinsam gekämpft hatten.[33] Der opportunistische Labourpolitiker Harold Wilson, der 1964–70 und 1974–76 Premierminister war, hatte im Grunde nur zwei Überzeugungen: den Glauben an die Monarchie und den Glauben an das Empire.[34]

## VIII. Vom Empire zum Commonwealth

Die imperiale Dimension ist für das Verständnis der englischen Geschichte wichtiger als für das Verständnis der Geschichte irgendeiner anderen Nation seit dem Altertum. Dabei erfolgte der Eintritt der Engländer in die Ära der kolonialen Expansion und der Aufbau ihres überseeischen Empire erst relativ spät. An der Besitznahme Amerikas im ausgehenden 15. und im 16. Jahrhundert waren sie nicht beteiligt. (Eine 1586 gegründete englische Niederlassung in Virginia war innerhalb weniger Jahre spurlos verschwunden.) An der Ausbeutung der amerikanischen Silberschätze nahm England nur indirekt teil, wenn elisabethanische Freibeuter spanische Städte plünderten und spanische Schiffe kaperten.

Für die anfängliche Zurückhaltung Englands im kolonialen Bereich lassen sich vor allem zwei Gründe anführen. Einerseits hatte man mit Irland gleichsam eine Kolonie vor der eigenen Haustür. Man war gegen Ende des 16. Jahrhunderts vollauf damit beschäftigt, dieses Land, über das die englische Monarchie seit dem Mittelalter eine prekäre Oberhoheit ausübte, zu unterwerfen und zu kolonisieren. Andererseits reichten die englischen Kräfte auch für weitgespannte überseeische Unternehmungen kaum aus. Insbesondere waren die Finanzmittel der Krone zu schwach, um nach dem Vorbild der spanischen und portugiesischen Monarchen Kolonialunternehmungen in eigener Regie durchzuführen, Kolonien durch den Staat zu verwalten und auszubeuten. Selbst die elisabethanische Seekriegführung gegen Spanien vollzog sich zu einem erheblichen Teil in privater Form, wobei sich die Monarchin als „Privatunternehmerin" mit einigen ihrer Untertanen zum Zwecke des Profits zusammentat. Für manche Engländer war die Beteiligung am Krieg gegen Spanien (1585–1604), wie bereits die am Hundertjährigen Krieg gegen Frankreich (1337–1453), vorwiegend ein kommerzielles Unternehmen. Der Nachteil dieser Motivierung war, daß die englischen Befehlshaber eher daran interessiert waren, spanische Städte zu plündern als spanische Schiffe zu versenken.

Trotz seiner anfänglichen Schwäche verfügte England jedoch über zwei Voraussetzungen, die auf längere Sicht seinen Aufstieg begünstigten und es spätestens nach dem Ende des Siebenjährigen Krieges (1756–63) zur führenden See-, Kolonial- und Handelsmacht der Welt werden ließen. Vor allem profitierte es davon, daß sich nach der Entdeckung Amerikas das Schwergewicht in Europa vom Mittelmeer auf den Atlantik verlagerte.[1] England rückte damit von der Peripherie ins Zentrum eines politisch-kommerziellen Beziehungsgeflechts. Eine weitere günstige Voraussetzung stellte die Insellage Englands dar. Sie bot als solche zwar keinen zuverlässigen Schutz vor einer Invasion. Sie ermöglichte es aber den Engländern, sich zur Abwehr von Invasionsversuchen ganz überwiegend auf die Flotte zu konzentrieren, die zugleich das Instrument weltpolitischer Aktivität darstellte. Das Mittel der Verteidigung war also ebenso das Mittel des Ausgreifens in die Welt.

Wie sehr das eine in das andere auch im Bewußtsein der Engländer übergehen konnte, macht der von James Thompson verfaßte und dann von dem Komponisten Arne vertonte Vers deutlich, der über mehr als zwei Jahrhunderte hinweg in unzähligen Veranstaltungen von Angehörigen aller sozialen Schichten als eine Art von patriotischer Nationalhymne gesungen wurde: „Rule Britannia, Rule the Waves, Britons never will be Slaves." Die trotzige Versicherung, niemals Sklaven werden zu wollen, die Entschlossenheit zur Bewahrung der eigenen Freiheit und Unabhängigkeit, verknüpfte sich in diesem Lied in nicht sehr logischer, aber den Eigentümlichkeiten der englischen Seemachtstellung durchaus Rechnung tragender Weise mit dem Herrschaftsanspruch über die Weltmeere.

Die Konkurrenten Englands – zuerst Spanien, dann die Niederlande, lange Zeit Frankreich und schließlich Deutschland – waren aufgrund ihrer geographischen Lage ihm gegenüber nicht nur seestrategisch benachteiligt, sondern sie konnten sich auch niemals so stark auf die Flotte konzentrieren wie die Engländer. So hat zwar Frankreich im 18. Jahrhundert mehrmals „Flottenspurts" eingelegt und seine Seerüstungen intensiv gesteigert; es mußte aber doch jedesmal wieder davon abgehen, weil die Stärke seines Heeres am Ende wichtiger war. In sehr ähnlicher Weise setzte sich die Einsicht in die Priorität der Landrüstung letztlich auch in Deutschland kurz vor Ausbruch des Ersten Weltkrieges durch.

Nur wenn es einer Macht gelungen wäre, die völlige Hegemonie über den europäischen Kontinent zu errichten, hätte sie ihre ganzen Ressourcen in die Flottenrüstung stecken und die maritime Überlegenheit Englands brechen können. Es lag daher im englischen Interesse, die Herausbildung einer solchen Hegemonialstellung zu verhindern und stets über Bundesgenossen auf dem Kontinent zu verfügen, die ein militärisches Gegengewicht gegen den potentiellen Herausforderer bildeten. Die Finanzierung solcher Bundesgenossen bot für England die Möglichkeit, das eigene Heer zumeist klein halten und sich ganz auf die Seeherrschaft konzentrieren zu können. Diese Ausrichtung bot auch Vorteile für die innere, kommerziell-industrielle Entwicklung des Landes, weil sie eine Militarisierung der Gesellschaft verhinderte und Kräfte für wirtschaftliche Betätigung zur Verfügung stellte. Die Bewahrung einer Gleichgewichtssituation auf dem europäischen Kontinent, zu der England seit der Intervention Elisabeths in den Niederlanden während der 1580er Jahre immer wieder entscheidend beitrug, ermöglichte es ihm, seinerseits im Weltbereich und auf den Meeren eine Hegemonie zu errichten. Das wird überaus deutlich daran erkennbar, daß jeder Friedensschluß in Europa zwischen 1697 und 1918, der die französische bzw. die deutsche hegemoniale Herausforderung durch Herstellung eines neuen Gleichgewichts bremste oder beendete, für England einen Zuwachs im kolonialen Raum erbrachte.[2] Es hat immer wieder Versuche von französischer und deutscher Seite gegeben, die öffentliche Meinung Europas gegen die von England ausgehende Bedrohung zu mobilisieren und dieses als Weltdespoten darzustellen. Das war nie wirklich erfolgreich, weil einerseits England für die Erhaltung des europäischen Gleichgewichts erforderlich war, andererseits die Seehegemonie insgesamt als weniger drückend empfunden wurde als die Hegemonie einer Landmacht.[3]

Die koloniale Expansion Englands begann in Nordamerika mit der Verleihung einer königlichen Charter an die Virginia Company im Jahre 1607 und setzte sich auf den westindischen Inseln fort. 1627 wurde der Barbados Company von Karl I. eine Charter verliehen. Die 1600 gegründete East India Company, deren Ziel ursprünglich der Handel mit Indonesien war, faßte auf dem indischen Subkontinent 1608 in Surat Fuß. Dieser Hafen wurde jedoch zunächst nur als Zwischenstation für den Handel mit den Gewürzinseln betrachtet. Territoriale Herrschaft in größerem Umfang übte die East India Company in Indien erst seit den 1740er Jahren aus.

Obwohl die Kolonialexpansion seit der Mitte des 17. Jahrhunderts in Übereinstimmung mit merkantilistischen Vorstellungen konzeptionell mit der Flottenmacht und der exklusiven Förderung des eigenen Handels zu einem Gesamtsystem verbunden wurde, blieb sie doch faktisch weitgehend der privaten Initiative überlassen. Die amerikanischen Kolonien und die East India Company verfügten dementsprechend über eine weitgehende Autonomie. Nach einem vorübergehenden Anlauf in Richtung auf größere Kontrolle und Militarisierung während der 1670er und 1680er Jahre wurde von der Regierung des Mutterlandes erst hundert Jahre später wieder der Versuch einer strafferen Regulierung und finanziellen Nutzung des Empire unternommen. Das geschah nach dem Siebenjährigen Krieg, als der britische Kolonialbesitz durch den Erwerb von Kanada, Florida und dem Gebiet westlich des Mississippi sowie mehrerer westindischer Inseln enorm angewachsen war. Bei den amerikanischen Kolonisten stieß jedoch vor allem der Versuch einer Besteuerung ohne die Zustimmung der Besteuerten oder ihrer gewählten Repräsentanten auf heftigen Widerstand.[4] Es kam im April 1775 zu militärischen Konflikten zwischen der Miliz von Massachusetts und britischen Truppen und Anfang Juli 1776 zur Unabhängigkeitserklärung der dreizehn nordamerikanischen Kolonien, die in ihrem Krieg gegen das Mutterland von Frankreich, Spanien und den Niederlanden unterstützt wurden.

Die Kriegführung in Amerika demonstrierte die Schwäche einer auf sich selbst gestellten Seemacht. Sie offenbarte letztlich deren Unfähigkeit, ohne fremde Hilfe eine Landmacht – die auf dem Meer zu wenig verwundbar war – zu besiegen. Die durch eine kombinierte Armee- und Flottenaktion der Amerikaner und Franzosen erzwungene Kapitulation britischer Truppen bei Yorktown im Oktober 1781, die eine Fortführung des Krieges von englischer Seite unmöglich machte, war eine Folge der Tatsache, daß die Briten vorübergehend sogar die Seeherrschaft in den nordamerikanischen Gewässern verloren hatten.

Für England und seine politische Elite bedeutete der· 1783 mit dem Frieden von Paris beendete amerikanische Unabhängigkeitskrieg eine erhebliche Einbuße an Prestige und einen empfindlichen Rückschlag in der imperialen Entwicklung. Die nordamerikanischen Kolonien gingen verloren. Minorca und Florida mußten an Spanien, Santa Lucia und Tobago an Frankreich abgetreten werden; Ceylon ging an die Niederlande verloren. Diese Scharte wurde dann jedoch bald durch die Kriege gegen das revolutionäre und napoleonische Frankreich wieder ausgewetzt.

Diese Kriege sind von britischer Seite, abgesehen von ihrer letzten Phase, ganz überwiegend als koloniale Expansionskriege geführt worden. Fast alle überseeischen Besitzungen Frankreichs und der ihm angegliederten Staaten wurden von den Briten besetzt. Davon behielten sie nach dem Friedensschluß 1814/15 Malta, die Ionischen Inseln, Trinidad, Tobago, Santa Lucia, Guyana, die Kapkolonie und Mauritius. Die Kriegführung und die Kolonialexpansion dieser Zeit trugen auch, wie bereits erwähnt, zur Bildung einer einheitlichen *britischen* Elite und eines britischen Nationalgefühls bei. Besonders die Schotten, deren Land seit 1603 in Personalunion mit England verbunden gewesen war und durch die Union von 1707 mit ihm zum Vereinigten Königreich von Großbritannien verbunden wurde, waren im kolonialen Bereich außerordentlich aktiv. Ihre Beteiligung rechtfertigt es, von einem „britischen Empire" zu sprechen.[5]

Durch die weitere koloniale Ausdehnung wurde die seit dem Siebenjährigen Krieg erkennbare und letztlich für den amerikanischen Unabhängigkeitskrieg verantwortliche Betonung des Herrschaftsaspekts verstärkt. Das britische Empire, das sich in Indien unter der nominellen Regierung der East India Company allein zwischen 1798 und 1805 zwei Drittel des Subkontinents einverleibte, verlor seinen überwiegend maritim-kommerziellen Charakter und wurde in seiner territorialen Dimension „Bestandteil der nationalen Identität".[6] Darin unterschied es sich von dem der Niederlande, die weiterhin überwiegend kommerziell orientiert blieben.

Am Ende der napoleonischen Kriege hatte das britische Imperium eine vorher nicht gekannte Ausdehnung erreicht. Um 1820 lebten in diesem, oft als „Second Empire" bezeichneten, Weltreich mehr als 200 Millionen Menschen, etwa ein Viertel der Erdbevölkerung.[7] Der Expansionsprozeß wurde auch weiterhin fortgesetzt – vor allem in Indien, wo Militärs und Beamte, die formell im Dienst der East India Company standen, eine sehr eigenmächtige Annexionspolitik betrieben.[8] Die Vorstellung einer britischen Kolonialabstinenz in der ersten Hälfte oder im zweiten Drittel des 19. Jahrhunderts ist falsch. Das britische Empire ist auch in der Ära des Freihandels und der vermeintlichen Kolonialfeindschaft durch die „men on the spot" ständig erweitert worden. Als dieser Vorgang mit der Annexion des Fürstentums Oudh 1857 in Indien einen Aufstand auslöste, kam es in der britischen Öffentlichkeit auch bereits zu einer jener hysterischen Massenreaktionen, die man gemeinhin erst mit einer späteren Periode assoziiert. Die Unterscheidung zwischen einer vorimperialistischen und einer imperialistischen Phase des 19. Jahrhunderts ist in bezug auf die tatsächlich erfolgende britische Expansion wenig realitätsadäquat.

Was sich allerdings veränderte, war die Motivmischung bei den einzelnen Expansionsschüben in der Geschichte des Empire. Hier trat im „Zeitalter des Imperialismus" seit den

1870er und 1880er Jahren in der Tat ein neues Element hinzu: das Bestreben, durch imperiale Expansion und insbesondere durch imperialen *Zusammenschluß* den relativen Positionsverlust der britischen Industrie infolge der Entstehung neuer Industriestaaten zu kompensieren und den relativen Machtverlust auszugleichen, den das Land durch die Konsolidierung bzw. Neugründung großer, bevölkerungsreicher territorialer Gebilde wie der Vereinigten Staaten und dem Deutschen Reich erfuhr. Man kann in diesem Zusammenhang geradezu von einem britischen „Kompensationsimperialismus" sprechen. Das kompensatorische Element wird etwa in Seeleys Vorlesungen „The Expansion of England" von 1883 deutlich, in denen er auf die Steigerung des militärischen Potentials durch eine engere Verbindung zwischen dem Mutterland und den Kolonien hinwies. Man könne, so der Historiker Seeley, „allmählich eine Organisation schaffen, durch die im Kriegsfall die ganze Kraft des Reiches für uns verfügbar wird".[9] Von Teilen der Konservativen Partei ist seit der Schutzzollagitation Joseph Chamberlains zu Beginn des 20. Jahrhunderts drei Jahrzehnte lang versucht worden, eine engere Verbindung innerhalb des Empire in Form eines „imperialen Zollvereins" herzustellen. Dieser Versuch, der der durch die außenpolitische und moralische Isolierung Großbritanniens während des Burenkriegs in Südafrika (1899–1902) starken Auftrieb erhielt, hat die Konservative Partei jedoch in eine schwere Krise gestürzt[10] und ihr wegen der in England sehr starken freihändlerischen Tradition eher geschadet als genutzt. Er ist erst auf der Reichskonferenz in Ottawa (1932) unter den besonderen Bedingungen der Weltwirtschaftskrise in bescheidenem Umfang gelungen.

Auch die Monarchie erhielt im letzten Viertel des 19. Jahrhunderts eine imperiale Dimension und eine kompensatorische Funktion,[11] die an der Erhebung Königin Viktorias zur Kaiserin von Indien im Jahre 1876 – fünf Jahre nach der deutschen Kaiserproklamation in Versailles – exemplarisch deutlich wird. Bereits während der Kriege gegen das revolutionäre und napoleonische Frankreich hatte sich ein auf den König

Georg III. gerichteter Royalismus entwickelt, der von der Regierung als Gegengift gegen die revolutionäre Gefahr bewußt gefördert worden war. Das Ende der Kriegführung und die wenig attraktive Persönlichkeit seiner beiden Nachfolger hatten jedoch diesen Royalismus wieder zurücktreten lassen. Georg IV. war beim Volk höchst unbeliebt. Die Sympathien galten vielmehr seiner von ihm getrennt lebenden Ehefrau. Wilhelm IV. wurde nur bei seiner Thronbesteigung und Krönung im Jahre 1831 umjubelt, da man in ihm einen Befürworter der Reformbill sah. Die Begeisterung verflog, als der neue Monarch die in ihn gesetzten Erwartungen enttäuschte. Selbst Queen Viktoria war nach ihrer 1837 erfolgenden Thronbesteigung durchaus nicht sogleich populär. Die Stimmung gegen die Monarchie erreichte unter ihr sogar einen Höhepunkt, als die Königin sich nach dem Tod ihres Mannes, des Prinzen Albert, aus der Öffentlichkeit ganz zurückzog und ihren Verpflichtungen kaum noch nachkam. Zu Beginn der 1870er Jahre gab es einen starken Republikanismus in Großbritannien. In der Folgezeit spielte jedoch die Monarchie im öffentlichen Bewußtsein eine immer größere Rolle. Sie fand wachsende Zustimmung sowie Verehrung und stieß immer weniger auf Kritik. Diese Entwicklung hing, ähnlich wie die ihr vorangehende Phase des Royalismus im ausgehenden 18. und frühen 19. Jahrhundert, mit einer prekär gewordenen Stellung des Landes im Außenbereich sowie möglicherweise auch mit einem zunehmenden sozialen Integrationsbedürfnis infolge der fortschreitenden Industrialisierung und Demokratisierung zusammen. Die immer mehr in Erscheinung tretende, sich mit wachsendem Pomp und minutiös geplantem Zeremoniell inszenierende Monarchie wurde angesichts dieser Probleme zu einem wichtigen Element der Selbstbestätigung, zu einem Symbol der Größe und der Einheit des Landes. Sie konnte diese Aufgabe um so eher übernehmen, als ihre tatsächliche Macht zurückging. Diese wurde, wie der Historiker David Cannadine sehr treffend bemerkt hat, „gegen Popularität eingetauscht".[12] Je prekärer die britische Machtbasis wurde, um so stärker hat man die Monarchie als Symbol des Empire herausgestellt, wurden bei Orden, Auszeichnungen, Feiern und Gedenktagen (wie dem 1916 offiziell eingeführten Empire Day) imperiale Akzente gesetzt.[13]

Der relative Machtschwund Großbritanniens ergab sich nicht nur aus dem Verlust seines Industriemonopols und der Entstehung großer territorialer Gebilde auf nationalstaatlicher Grundlage, sondern auch aus der Tatsache, daß wegen der vor allem durch den Eisenbahnbau verbesserten Kommunikationswege die Seemacht gegenüber den Landmächten an Positionsvorteilen verlor. Nunmehr war es für die Briten kaum noch möglich, die von der „blue water school" so hochgeschätzten Landungsunternehmen selbst in dem bis dahin praktizierten bescheidenen Umfang bei der Kriegführung in Europa durchzuführen. Die Pläne der britischen Marineführung vor dem Ersten Weltkrieg, die eine Landung in Pommern vorsahen, waren unrealistisch; sie wurden deshalb von den Plänen der Heeresführung völlig beiseitegedrängt.[14] Überdies sah sich England bereits vor 1914 gezwungen, vom Grundsatz des „two-power standards" abzugehen, wonach die britische Flotte stets stärker zu sein hatte als die beiden nächstgrößeren Flotten. Nach dem Ersten Weltkrieg war man dann genötigt, noch einen Schritt weiter zu gehen. Auf der Konferenz von Washington im Jahre 1922 gab sich Großbritannien mit der bloßen Parität gegenüber der Flotte der Vereinigten Staaten zufrieden. Außerdem akzeptierte es eine vertragliche Limitierung seiner Flottenstärke und verzichtete unter amerikanischem Druck auf die Fortsetzung des 1902 geschlossenen Bündnisses mit Japan.[15]

In dem Flottenabkommen von 1922 fand der durch den Ersten Weltkrieg beschleunigte Machtverlust Großbritanniens, das einen großen Teil seiner Auslandsinvestitionen verloren hatte und von den enorm erstarkten Vereinigten Staaten in den Schatten gestellt wurde, seinen symbolischen Ausdruck. Allerdings wurde dieser Machtverlust durch den Sieg über Deutschland sowie die Tatsache, daß das britische Empire noch erweitert werden konnte und den größten Umfang in seiner Geschichte erreichte, in charakteristischer Weise verschleiert.[16] Er blieb freilich den in den 1930er Jahren führenden britischen Politikern der Konservativen Partei nicht verborgen. Stanley Baldwin und Neville Chamberlain waren sich der Überdehnung der weltweiten Verpflichtungen Großbritanniens und der Knappheit seiner Ressourcen bewußt. Besonders der auch gefühlsmäßig von der Massenschlächterei des Ersten Weltkrieges traumatisierte Chamberlain sah die erheblichen Folgen voraus, die ein Krieg sowohl für die Binnenstruktur als auch für die Weltstellung seines Landes haben mußte. Churchill, der die Appeasement-Politik Chamberlains angriff und im Mai 1940 sein Nachfolger als Premierminister wurde, erkannte sie nicht. So wie er in Indien die Zeichen der Zeit nicht wahrnahm und dem indischen Nationalismus keinerlei Konzessionen machen wollte, so wenig sah er die prekäre Grundlage der britischen Weltmacht.

George Orwell hat damals den von ihm durchaus positiv beurteilten Widerstandswillen des einfachen Mannes in England gegen den Faschismus auf mangelnde rationale Lagebeurteilung zurückgeführt. Seine Unbeugsamkeit, so Orwell, ergebe sich aus mangelnder Einsicht.[17] Ähnliches läßt sich auch von Churchill sagen, wenn er selbst nach dem Zusammenbruch Frankreichs im Unterschied zu Außenminister Halifax keine wirkliche Bereitschaft zeigte, einen Kompromißfrieden mit Hitler zu suchen.[18] Allerdings muß man sogleich hinzufügen, daß angesichts der Zukunftspläne Hitlers eine Verständigung mit ihm stets nur eine vorübergehende hätte sein können, so daß unter diesem Aspekt Churchills Haltung sich wiederum als durchaus realistisch erweist. Auf jeden Fall ging jedoch durch den Zweiten Weltkrieg jene britische Weltmachtstellung verloren, die Churchill hatte bewahren wollen und an der ihm noch mehr gelegen war als seinen Kontrahenten in der Konservativen Partei. Der Sieg gegen Deutschland, so haben revisionistische Historiker wie John Charmley argumentiert, habe Großbritannien alles gekostet, woran Churchill geglaubt habe.[19]

Das wurde jedoch zunächst nicht deutlich, weil das Land wiederum – wie 1918 – Siegermacht war, weil seine industriellen Schwächen wegen der starken Zerstörungen in den meisten Industriestaaten nicht sogleich erkennbar waren und weil die Liquidierung des Empire sich allmählich und in einer das britische Selbstbewußtsein schonenden Form vollzog. Die in der Zwischenkriegszeit eingeleitete Umgestaltung des Empire zu einem Commonwealth of Nations, bei der den Dominions 1931 im Statut von Westminster als „autonomen Gemeinschaften" Gleichrangigkeit mit dem Mutterland zugestanden worden war und man nur an der Krone als übergeordneter Institution festgehalten hatte, wurde fortgeführt. Neben die weißen Dominions traten jetzt asiatische Mitgliedsstaaten wie Indien und Pakistan, denen später auch afrikanische Staaten folgten. Dabei konnte der Rückzug der Metropole von der Herrschaft über diese Gebiete geradezu als Sieg erscheinen. Wenn der Präsident des neuen indischen Parlaments den Kolonialherren zum Abschied nachrief, die Unabhängigkeit seines Landes sei „die Erfüllung der demokratischen Ideale des britischen Volkes",[20] so durfte man sich auf britischer Seite der Selbsttäuschung hingeben, die indische Unabhängigkeit sei beabsichtigt gewesen und die Krönung des eigenen Wirkens.

Die *politische* Schwäche der britischen Position ist den meisten Briten wohl erstmals durch das Suez-Abenteuer von 1956 und das Nachgeben ihrer Regierung unter massivem Druck der Vereinigten Staaten klargeworden. Die wirtschaftliche Schwäche des Landes ist vor allem durch die Zahlungsbilanzkrise von 1964 sowie die Pfundabwertung im Jahre 1967 ins allgemeine Bewußtsein gedrungen, nachdem das Versprechen einer „neuen weißglühenden technologischen Revolution" des als „Evangelist der Modernisierung" (Ben Pimlott) auftretenden, 1964 gewählten Labour-Premierministers Harold Wilson sich als leere Rhetorik erwiesen hatte. Zunehmend wurde das Problem des „Niedergangs" und der „englischen Krankheit" diskutiert. Dabei war besonders das 1981 veröffentlichte Buch des amerikanischen Historikers Martin J. Wiener „English Culture and the Decline of the Industrial Spirit 1850–1980" ungemein einflußreich, in dem der Niedergang der britischen Industrie auf die Verbreitung ländlich-adliger Normen im Industriebürgertum und insbesondere auf die Public Schools zurückgeführt wurde.

Vorübergehend hatte sich die „Declinology" geradezu als eine Art von Wissenschaft etabliert. Unlängst ist allerdings von einigen Historikern, die sehr unterschiedliche politische und weltanschauliche Positionen vertreten, die Ansicht zurückgewiesen worden, in der Entwicklung des britischen Kapitalismus sei zu irgendeinem Zeitpunkt des späten 19. oder des 20. Jahrhunderts etwas „falsch" gelaufen. Sie erscheint ihnen vielmehr als durchaus konsequent und folgerichtig. Aus marxistischer Sicht wird von Ellen M. Wood die These vorgetragen, England zeige als diejenige Nation, die am frühesten und am entschiedensten den Weg des Kapitalismus beschritten, ihn bereits auf agrarischer Grundlage und aus dem Innern der Gesellschaft hervorgebracht habe, am frühesten und klarsten dessen Widersprüche und Schwächen. Der Niedergang der britischen Industrie sei durchaus mit der Logik eines Systems vereinbar, das grundsätzlich nicht an der Produktion, sondern an der Profitmaximierung interessiert sei.[21] Von Historikern wie Cain und Hopkins oder Rubinstein wird andererseits die Auffassung vertreten, daß die dem englischen Kapitalismus von Anfang an eigentümliche Ausrichtung auf Handel und Finanz sich seit dem ausgehenden 19. Jahrhundert wieder stärker geltend gemacht und schließlich voll durchgesetzt habe.[22] Für den „Gentlemankapitalismus" sei der Industrialismus eher peripher gewesen.[23] Diese Sicht ist fraglos durch die neuere wirtschafts- und sozialgeschichtliche Forschung zur Industriellen Revolution nahegelegt worden. Diese hatte schon seit einiger Zeit den sehr graduellen und sehr unvollständigen Charakter des Industrialisierungsprozesses in England betont.[24] Rubinstein hat sogar den Thatcherismus als Ausdruck der Einsicht interpretiert, daß Großbritanniens Stärke im finanziell-kommerziellen Bereich liege und der Versuch einer Wiedergewinnung seiner industriellen Basis chimärisch sei.[25]

# IX. Der Thatcherismus
## und die Abkehr von der Konsenspolitik

Das Großbritannien der 1980er Jahre, das von der Konservativen Premierministerin Margaret Thatcher geprägt wurde, sah das förmliche Ende des politischen Konsenses, der sich im Zweiten Weltkrieg angebahnt, in den Jahren nach 1945 etabliert hatte, aber bereits in den 70er Jahren zu zerbröckeln begann. Die Grundlage dieses Konsenses war das Bekenntnis zum Wohlfahrtsstaat, zu einer „mixed economy" und zur Vollbeschäftigung gewesen.[1] Obwohl in fast allen westlichen Industrieländern in den ausgehenden 70er Jahren eine Wendung gegen staatliche Regulierung und Sozialpolitik erfolgte, ist jedenfalls innerhalb Europas diese Tendenz in Großbritannien am doktrinärsten gewesen und am weitesten geführt worden.[2] Mit der Erklärung Margaret Thatchers, daß es so etwas wie eine die Individuen und Familien übergreifende Gesellschaft überhaupt nicht gebe, kam es sogar zu einer Art ausdrücklicher Aufkündigung des im Zweiten Weltkrieg geschlossenen Sozialvertrags zwischen den Klassen.[3] Wenn der „backlash" in Großbritannien so besonders heftig war, so ist dies auf die 1979 im „winter of discontent" gipfelnden Konflikte mit den Gewerkschaften, eine sehr hohe Inflationsrate und die intransigente Persönlichkeit Margaret Thatchers zurückzuführen.

Aus der Sicht des Historikers läßt sich der Thatcherismus freilich auch in ein allgemeines Muster und eine bestimmte Konservative Traditionslinie einordnen, erscheint er nicht nur als das Produkt einer besonderen Situation und Persönlichkeit. Er gehört nämlich zu einem Verlaufstypus, der sich seit fast zweihundert Jahren in der britischen Geschichte nachweisen läßt. Nach jedem der drei großen Kriege, die Großbritannien seit dem ausgehenden 18. Jahrhundert durchzustehen hatte, ist eine Rhetorik der Klassenversöhnung[4] und eine Politik der sozialen Beschwichtigung früher oder später durch eine Sprache der Unerbittlichkeit und eine Politik der sozialen Härte abgelöst worden. Jedesmal glaubte man, soziale Maßnahmen der Kriegszeit sowie generell das Entgegenkommen gegenüber den unteren Klassen für die wirtschaftlichen Schwierigkeiten der Nation verantwortlich machen zu können und einen härteren Kurs einschlagen zu müssen. Mit dem Zurücktreten der äußeren Gefahrensituation und dem Verblassen der Erinnerungen an das Angewiesensein auf die Unterschichten traten stets ökonomisches Kalkül und die Klasseninteressen der Besitzenden in den Vordergrund. So galt nach 1815 die staatliche Armenfürsorge, und speziell das während der großen Teuerungen in der Kriegszeit eingeführte System der Lohnsubventionierung aus der Armensteuer, als unerträgliche wirtschaftliche Belastung und Ursache einer Demoralisierung der Bevölkerung. Das neue Armengesetz von 1834 mit seinem Prinzip der „less eligibility", das die Armenunterstützung so unattraktiv wie nur irgend möglich machen sollte, versuchte hier, Abhilfe zu schaffen.[5] Nach dem Ersten Weltkrieg hat nicht nur eine deflationäre, einseitig die Interessen der City berücksichtigende Finanzpolitik der Arbeiterschaft geschadet, sondern selbst ein so humaner und konzilianter Premierminister wie Baldwin ließ es zur Zeit des Generalstreiks von 1926 auf eine Kraftprobe ankommen, die offenbar die Arbeiter in ihre Schranken verweisen sollte. Die Regierung bestand auf einer bedingungslosen Kapitulation der Streikenden.[6] Wenn Margaret Thatcher als Regierungschefin während eines Streiks der Bergarbeiter 1984 von diesen als dem „inneren Feind" sprach, so war das nur ein bewußtes oder unbewußtes Echo der während des Generalstreiks von 1926 erscheinenden, von Churchill herausgegebenen regierungsamtlichen „National Gazette". Kein Geringerer als der Konservative Expremier Macmillan wies die Premierministerin darauf hin, daß die Väter dieser Bergarbeiter in zwei Weltkriegen gekämpft hatten.[7]

Der Thatcherismus muß überdies mit einer sehr langen Traditionslinie in der Torypartei in Verbindung gebracht werden.[8] So wie die soziale Versöhnungspolitik der Konservativen im Zweiten Weltkrieg und in der Nachkriegszeit an einen Torypaternalismus anknüpfen konnte, so stellte die harsche Politik Margaret Thatchers die Wiederbelebung einer wirtschaftsliberalen und zugleich politisch autoritären Haltung dar, die im ausgehenden 18. Jahrhundert zunächst durch den jüngeren Pitt verkörpert wurde und schon damals eine besondere Anziehungskraft auf das Wirtschaftsbürgertum ausübte. In der von Peel geführten Torypartei hatte sich ein harter und doktrinärer wirtschaftlicher Liberalismus tiefer eingegraben als in der Whigpartei. Er setzte sich bei den Konservativen gegen Ende des 19. Jahrhunderts unter Salisbury fort und wurde durch den „Villa-Toryismus" des um diese Zeit vermehrt zur Partei stoßenden vermögenden Bürgertums der Vorstädte gesellschaftlich gestützt. Eine solche soziale Stützung des diese Tradition fortführenden Neoliberalismus der 1970er Jahre stellte die „Entadlung" (degentrification) der Partei dar, die sich damit ihrer Wählerschaft stärker anglich, als es jemals zuvor der Fall gewesen war. In den 1980er Jahren scherzte man, die Partei sei aus den Händen von Grundbesitzern in die von Grundstücksmaklern übergegangen.[9] Mit dieser „degentrification" ist die gesellschaftliche Grundlage für jene Wende geschaffen worden, die in der Periode der Opposition von 1974 bis 1979 unter dem Einfluß von „Think Tanks" wie dem Centre of Policy Studies und dem Institute of Economic Affairs ideologisch vorbereitet wurde.

Auch der Stil Margaret Thatchers war nicht ohne Vorläufer in der britischen Politik. Er imitierte einerseits das heroische Pathos eines Winston Churchill und wies andererseits eine starke Ähnlichkeit mit dem einiger Imperialisten am rechten Rand der Konservativen Partei vor dem Ersten Weltkrieg auf, die Großbritannien ihre Politik aufzwingen wollten und von dem Erreichen dieses Ziels das Schicksal der Nation abhängig sahen. Ein Mann wie Alfred Milner, der als Hoher Kommissar in Südafrika der Hauptverantwortliche für den Burenkrieg gewesen war und nach seiner Rückkehr nach England für die imperiale Reichseinheit, Schutzzölle und allgemeine Wehrpflicht kämpfte, wollte das Land ebenso aufrütteln und aus einem schlappen Konsens herausreißen wie später Margaret Thatcher.[10] Ihn stießen die untergründige Gemeinsamkeit zwischen Konservativen und Liberalen und die „gegenseitige

Parteicourteoisie"[11] ab, die nach seiner Auffassung die Lösung der großen nationalen Aufgaben unmöglich machten. Margaret Thatcher gehörte wie Milner zu dem Typus des „Überzeugungspolitikers", der ein stark ideologisch geprägtes Programm realisieren will und an ihm, wenn auch nicht ohne gelegentliche taktische Konzessionen, konsequent festhält.

Hatte sich unter der Regierung ihres Konservativen Vorgängers Edward Heath, der 1970 mit einem neoliberalen Programm angetreten war, dann doch wieder die Tendenz zu einer schonend-gemeinschaftsorientierten Politik durchgesetzt,[12] so gab es eine solche, von ihr scharf kritisierte Kehrtwendung („U-Turn") unter Mrs. Thatcher nicht. Sie lehnte vielmehr ausdrücklich die Aufforderung von Heath im Jahre 1981 ab, zu einer „Konsenspolitik" zurückzukehren.[13] Ihr kämpferisches Temperament drängte zu einer Politik der Konfrontation. Sie besaß eine Überzeugung von ihrer Mission, den Niedergang Großbritanniens aufzuhalten und rückgängig zu machen. „Nichts ist unmöglich", erklärte sie. „Der Niedergang ist nicht unausweichlich."[14] Sie strahlte eine Gewißheit aus, in dem Kampf zwischen Gut und Böse das Gute zu verkörpern, wie sie seit Gladstone kein Premierminister mehr besessen hatte.

Man hat Margaret Thatchers Bestreben, in Großbritannien einen Wertewandel zu erzwingen, die Gesellschaft und Wirtschaft des Landes wieder zu dynamisieren und aus einem schlaffen Stagnationskonsens herauszureißen, nicht zu Unrecht mit dem Begriff einer „Kulturrevolution" charakterisiert.[15] Das Ziel war die Schaffung einer „enterprise culture". Die Premierministerin forderte dabei eine Rückkehr zu den „viktorianischen Werten",[16] wobei sie freilich die philanthropische Seite des Viktorianismus ignorierte. Sie verkannte, daß die von ihr beschworenen „Victorian values" nicht auf rücksichtslose Förderung des Individualismus und der Marktgesetze abzielten, sondern im Gegenteil überwiegend ein Normensystem propagierten, das der gesellschaftlich auflösenden Tendenz von Markt und Wettbewerb entgegenwirken und soziale Kohäsion ermöglichen sollte. Die „moralische

Ernsthaftigkeit" der Viktorianer war gleichsam das Gegengift zum laisser-faire. Am ehesten erinnern die soziale Härte und Rücksichtslosigkeit in Margaret Thatchers Politik, ihre Auffassung von der demoralisierenden Wirkung der Fürsorge für die Unterschichten und ihre Erklärung, daß niemand essen solle, der nicht arbeite,[17] an den Geist, der hinter dem New Poor Law von 1834 stand.[18]

Konkret wirksam wurde die Ideologie Margaret Thatchers in einer Politik der Privatisierung, die auch Teile der Arbeiterschaft interessenmäßig an die Konservativen band und dazu beitrug, daß sie bei den Wahlen von 1987 36 Prozent der Arbeiterstimmen erhielten. (Im Süden des Landes, wo die Arbeiter materiell besser gestellt und die Arbeitslosenzahlen geringer waren als im Norden mit seiner Konzentration der „traditionellen Arbeiterklasse", betrug der Anteil der für die Konservative Partei abgegebenen Arbeiterstimmen sogar 46 Prozent.)[19] Das ist um so bemerkenswerter, als eine Reihe von Gesetzen in den 80er Jahren die Rechte der Gewerkschaften einschränkte. Das Fernhalten von Arbeitswilligen bei Streiks („picketing") und die Einführung eines „closed shop", bei dem nur Gewerkschaftsangehörige in einem Betrieb beschäftigt werden dürfen, wurden erschwert. Streikaktionen wurden an vorausgegangene geheime Abstimmungen der Gewerkschaftsmitglieder geknüpft, Gewerkschaften in bestimmten Fällen bei Streiks schadenersatzpflichtig gemacht.[20]

Praktisch wirksam wurde auch Margaret Thatchers Glaube an die Vorzüge der Ungleichheit. Der seit dem Zweiten Weltkrieg anhaltende Trend zur Nivellierung der Einkommensunterschiede wurde unter ihrer Regierung umgekehrt. Der Abstand zwischen Spitzenverdienern und dem am schlechtesten gestellten Teil der Bevölkerung vergrößerte sich.[21] Es bildete sich, auf der Grundlage einer nunmehr offenbar wieder weithin akzeptabel gewordenen und Wahlsiege der Regierung nicht mehr verhindernden Massenarbeitslosigkeit, eine neue soziale „underclass".[22] Die überwiegend von linken Doktrinären beherrschte Labour Party, von der sich 1981 eine sozialdemokratische Richtung abspaltete und die es bei den Wahlen von 1983 nur auf 27,6 Prozent der abgegebenen Stimmen brachte, mußte ohnmächtig mit ansehen, wie die große Errungenschaft der Regierung Attlee rückgängig gemacht wurde und sich wieder Massenarmut ausbreitete. 1989 wurde gegen 200 000 Menschen Anklage wegen Vagabundierens erhoben. Die Zahl der Familien ohne Wohnung stieg von 56 000 im Jahr 1979 auf 128 000 im Jahr 1989. Nach offiziellen Angaben waren zu diesem Zeitpunkt 370 000 Menschen obdachlos.[23]

Charakteristisch für Margaret Thatchers Abkehr von allem, was sie für schädliche Sentimentalitäten hielt, waren auch ihre Distanzierung vom Commonwealth und ihr geringes Interesse für die verbliebenen kolonialen Besitzungen Großbritanniens. Es entbehrt deshalb nicht der Ironie, daß sie ihre erste Wiederwahl dem siegreichen Falklandkrieg des Jahres 1982 gegen Argentinien verdankte, obwohl die Besetzung der Inselgruppe durch argentinische Truppen auf eine unklare Außen- und Militärpolitik ihrer Regierung zurückzuführen war und die Argentinier (nach Angaben des damaligen britischen Botschafters in Washington) offenbar sogar von einem hohen Beamten des Außenministeriums dazu ermuntert wurden.[24] Es war die wohl letzte der besonders in der zweiten Hälfte des 19. Jahrhunderts so häufigen plötzlichen Aufwallungen der britischen Öffentlichkeit aufgrund von Vorkommnissen, die sich an der sonst überwiegend ignorierten imperialen Peripherie ereignet hatten. Auf die demagogischste Weise wurde von der Premierministerin der Kampf um die ökonomische Gesundung des Landes mit dem gegen Argentinien zu der Vision eines wiedererstarkten Volkes verbunden. Sie erklärte: „Wir haben aufgehört, eine Nation auf dem Rückzug zu sein. Wir haben statt dessen ein wiedergefundenes Vertrauen, das in den wirtschaftlichen Schlachten zu Hause geboren und in 8000 Meilen Entfernung erprobt wurde".[25] Was die Premierministerin verschwieg, war die Tatsache, daß selbst dieser Akt zur Demonstration britischer Stärke gegen eine drittrangige Macht ohne aktive amerikanische Hilfe nicht möglich gewesen wäre.

Als Margaret Thatcher 1989/90 zu der wahlpolitisch selbstmörderischen Politik überging, in den Kommunen eine einkommensunabhängige Personensteuer („poll tax") einzuführen, und der zum Teil gewalttätige Widerstand dagegen einen Hauch von 18. Jahrhundert nach Großbritannien zurückbrachte, da half ihr keine äußere Ablenkung aus der selbstgeschaffenen Sackgasse. Die Mehrheit der Fraktion versagte ihr die Gefolgschaft und erzwang im November 1990 ihren Rücktritt.[26] Unter dem neugewählten Parteiführer John Major konnte die Konservative Partei wider Erwarten sogar die darauffolgenden Unterhauswahlen vom April 1992 gewinnen, indem sie sich fast als eine Art Oppositionspartei zu Mrs. Thatcher darstellte. Die Konservativen, so hat man boshaft bemerkt, griffen die Forderung der Labour Party auf, daß es Zeit für einen Wechsel sei.

*Inhaltlich* hat John Major die Politik seiner Vorgängerin im wesentlichen fortgesetzt und die Privatisierung weiter vorangetrieben. Majors Stil unterschied sich jedoch ganz wesentlich von dem Margaret Thatchers. Major war nicht schroff und kämpferisch, sondern auf Versöhnen und Heilen bedacht.

Die Wahlen vom 1. Mai 1997 haben der langen Herrschaft der Konservativen ein Ende gesetzt. Die Labour Party, die unter der Führung von Tony Blair die Forderung ihres Parteiprogramms nach Vergesellschaftung der Produktionsmittel aufgab und den von den Konservativen seit 1979 geschaffenen wirtschaftlich-sozialen Rahmen weitgehend akzeptierte, erhielt eine Mehrheit von 179 Mandaten im Unterhaus; sie erzielte damit (nach 1945 und 1966) den dritten durchschlagenden Wahlerfolg in ihrer Geschichte. Ein großer Teil der Wählerschaft war offenbar zu der Ansicht gelangt, daß es diesmal „Zeit für einen Wechsel" sei – zumal die Konservativen besonders in der Europapolitik ein Bild der Uneinigkeit boten, Bestechlichkeit und moralisch fragwürdiges Verhalten mancher ihrer Abgeordneten allzu auffällig mit den von ihnen verkündeten Grundwerten kontrastierten. John Major wirkte zwar ehrlich und anständig, aber auch schwächlich und schwunglos. New Labour erschien dagegen viel dynamischer, zielstrebiger und vor allem geschlossener als die Konservativen. Die Art, wie Tony Blair seine Partei „auf Vordermann brachte" und jede Abweichung von der Parteilinie verhinderte, die von den Gegnern zu dem Vorwurf genutzt hätte werden können, Labour sei nach wie vor eine sozialistische, eigentumsfeindliche Steuererhöhungspartei, mußte schon geradezu unheimlich anmuten.

Rückblickend läßt sich von der Periode konservativer Herrschaft zwischen 1979 und 1997 sagen, daß in ihr der soziale Nachkriegskonsens durch eine neue Rücksichtslosigkeit und die Losung des „enrichissez-vous" vollends zerstört wurde. Mit der zunehmenden Zerklüftung der Nation[27] wurde das Versprechen der Kriegszeit zunichte. Darüber hinaus hat aber besonders die Ära Thatcher auch deutlich erkennbare politisch-konstitutionelle Folgen gehabt. So ist vor allem durch die Entschlossenheit der Premierministerin, eine „Revolution von oben" durchzuführen, die Macht der Zentralgewalt in bedenklicher Weise gesteigert worden. Unter ihrer Herrschaft war die Zurückdrängung des Staates im wirtschaftlichen Bereich mit einer Steigerung der Staatsmacht in anderen Bereichen eigentümlich verbunden.

Die Machtkonzentration in den Händen der Regierung erfolgte nicht zuletzt auf Kosten der lokalen Selbstverwaltung. Die englische Geschichte ist bis weit ins 19. Jahrhundert hinein durch zwei entgegengesetzte, sich ausbalancierende Merkmale charakterisiert gewesen: einerseits durch eine relativ frühzeitige und weitgehende Kompetenzzuweisung an die Zentralgewalt, andererseits durch eine faktische Dezentralisierung in Gestalt lokaler Machtträger, auf welche die Zentralgewalt zur Durchsetzung ihrer Anordnungen angewiesen war. Mit dem Zurücktreten der Adelsmacht sowie dem Schwinden einer selbstbewußten Bürgerkultur, wie sie sich während der Industriellen Revolution im Norden des Landes entwickelt hatte, wurden die alternativen Einflußzentren und die Gegengewichte gegen die Zentralgewalt schwächer. Sie sind durch die bewußt betriebene Entmachtung der Lokalverwaltung unter der Regierung Thatcher noch weiter geschwächt worden.

Seit den Angriffen auf die elisabethanischen Armengesetze sowie der Durchsetzung des New Poor Law von 1834 ist in Großbritannien eine Politik der sozialen Demontage traditionell mit einem starken Mißtrauen gegen die angeblich allzu großzügigen Lokalbehörden und einer Tendenz zur Zentralisierung verbunden gewesen. Niemand ist dabei jedoch so rücksichtslos und radikal vorgegangen wie Margaret Thatcher. In den 1980er Jahren erfolgte in England tatsächlich das, was Disraeli in seinem 1845 veröffentlichten Roman „Sybil or the Two Nations" beschrieben hatte: „ein roher Angriff auf alle lokalen Einflüsse, um eine streng organisierte Zentralisation durchzusetzen".[28] England wurde faktisch der zentralisierteste Staat Europas.[29]

Nach unten hin des Gegengewichts selbstbewußter Lokalgewalten beraubt, durch keine geschriebene Verfassung klar eingegrenzt, mit der nicht unerheblichen Macht der Fraktionseinpeitscher („whips") über die Abgeordneten ausgestattet und in der Lage, innerhalb der festgelegten Höchstdauer von Legislaturperioden den Zeitpunkt von Parlamentswahlen zu bestimmen, drohte die Exekutive sich zu verselbständigen. Das Schreckgespenst des 18. Jahrhunderts – „the overgrown executive" – schien jetzt zur Wirklichkeit zu werden (wenn auch nicht auf dem damals befürchteten Weg der „Korruption" und des „geheimen Einflusses der Krone").

Der rücksichtslose Einsatz der zentralen Regierungsgewalt zur Durchsetzung einer konservativen „Konterrevolution" (Peter Riddell) machte einer wachsenden Zahl von Briten bewußt, auf welcher prekären Grundlage ihr politisches System beruhte. Von Margaret Thatcher mit ihrer explizit konsensfeindlichen Politik wurde das von einem Historiker sehr treffend als „Clubregierung" bezeichnete, durch informelle Übereinkunft, ungeschriebene Regeln und Traditionen charakterisierte Westminster-Modell in Frage gestellt.[30] Selbst die individuellen Rechte erschienen nunmehr unzureichend geschützt.[31] Gegen Ende der Ära Thatcher war Großbritannien der Staat, gegen den die meisten Klagen vor dem Europäischen Gerichtshof für Menschenrechte anhängig waren.[32] Nach dem

Urteil eines englischen Historikers gab es im Vereinigten Königreich jetzt weniger Schutz gegen den Mißbrauch von Macht als in irgendeinem anderen Mitgliedsstaat der Europäischen Union.[33] Das stand in krassem Widerspruch zur Tradition eines Landes, das sich am frühesten und stärksten mit der individuellen Freiheit und dem Recht identifizierte. Der Journalist Anthony Sampson prägte den bösen Satz: „Während britische Politiker sich der einzigartigen Geschichte der Freiheit ihres Landes rühmen, sehen sich ihre Wähler dazu gezwungen, in letzter Instanz in Straßburg Schutz zu suchen".[34]

Das Unbehagen angesichts dieses Zustands führte am 300. Jahrestag der Glorious Revolution zur Gründung der Gruppe „Charter 88", die u. a. eine geschriebene Verfassung mit Grundrechtsfixierung und die Unabhängigkeit der lokalen Selbstverwaltung durchzusetzen versucht. In diesen Forderungen schlug sich die Erkenntnis nieder, daß die lange Zeit auf der Grundlage von Adelsmacht bestehenden Sicherungen, Kontrollen und Konventionen jetzt durch förmliche konstitutionelle Garantien und geschriebene Regeln ersetzt werden müssen.

Wenngleich der neue Premierminister Blair keine geschriebene Verfassung in Aussicht gestellt hatte, zeigte er sich doch entschlossen, konstitutionelle Reformen durchzuführen, die übermäßige Zentralisierung des Landes abzubauen und den individualrechtlichen Schutz zu stärken. Er kündigte entsprechende Schritte an, von denen in den ersten drei Jahren seiner Amtszeit manche vollzogen oder eingeleitet worden sind. Die Föderalisierung der keltischen Randgebiete, die den konservativen Parteiführer William Hague von einer Vandalisierung der britischen Verfassung und einer Gefährdung der Union sprechen läßt, hat stattgefunden. Im Mai 1999 wählten die Schotten ein Parlament und die Waliser eine Repräsentativversammlung. Außerdem wurde im November 1999 die erbliche Mitgliedschaft in der Zweiten Kammer abgeschafft und im Mai 2000 in direkter Wahl ein Londoner Oberbürgermeister gewählt.

Blair erwies sich dabei jedoch als „control freak" und Vernunftreformer, der nur mit dem Kopf, nicht aber mit dem

Herzen bei der Sache ist. Die von der Regierung mit großem rhetorischen Aufwand durchgeführten Reformen waren entweder (wie die Oberhausreform oder der Entwurf zu einem Freedom of Information Act) unvollständig und vom Interesse der Exekutive bestimmt oder mit soviel Dirigismus verbunden, daß sie weniger Begeisterung als Ernüchterung, Zynismus und Apathie bewirkten. Der Dirigismus, der zu dem als Modernisierungserfordernis propagierten konstitutionellen Pluralismus im Widerspruch stand, war einerseits ein auf die Webbs und letztlich auf Bentham zurückgehendes Erbe von Old Labour. Er entsprang andererseits aber auch der Furcht, das Projekt von New Labour könne durch Rückfälle in die Sünden der alten Labour Party gefährdet werden (eine Obsession, die vor allem auch die Haltung der Regierung zur Finanz- und Steuerpolitik bestimmte und sie politisch unfrei machte). Um solche Rückfälle zu verhindern, schienen äußerste Wachsamkeit und strengste Kontrolle geboten. So wurden in Wales und in London durch Manipulation von seiten der Parteizentrale Kandidaten oktroyiert, die an Ort und Stelle nicht erwünscht waren. In beiden Fällen handelte sich die Parteiführung dabei Niederlagen ein. Bei der Bürgermeisterwahl in London führte dieses Verhalten am 4. Mai 2000 sogar zur Wahl Ken Livingstones, der als Repräsentant der „loony left" der 1980er Jahre und ehemaliger Chef des von Margaret Thatcher 1986 abgeschafften Greater London Council alles verkörpert, was Blair haßt und fürchtet. Die Wähler konnten ihrer Protesthaltung gegenüber der manipulatorischen Zentralregierung, die an die Aufmüpfigkeit der Londoner Bevölkerung gegen den „court" im 18. und 19. Jahrhundert erinnert, durch die Wahl eines Politclowns gefahrlos Ausdruck geben. Die Manövrierfähigkeit des Bürgermeisters ist eng begrenzt; er ist finanziell fest an die Kette gelegt. Auch in diesem Punkt rächt es sich für die Regierung, daß ihre prinzipielle Bereitschaft zur Dezentralisierung von starkem Mißtrauen gegenüber dem Prozeß der Machtdelegation nach unten begleitet ist. Ein verantwortungsbewußtes Wählerverhalten wird dadurch erschwert.

# X. Frühe Modernität und die Kraft der Beharrung. Ein Rückblick

Die grundsätzlich erklärte Bereitschaft der Regierung Blair, die Macht in Großbritannien zu dezentralisieren und zu beschränken, stößt in der Praxis auf starke strukturelle und psychische Barrieren. Die Frage stellt sich, warum der konstitutionelle Wandel der Regierenden so schwer fällt und warum Großbritannien zu den letzten Staaten auf dieser Welt gehört, die keine geschriebene Verfassung besitzen. Diese Frage verweist auf einen allgemeinen Grundzug der englischen Geschichte, der hier abschließend nach angedeutet werden soll.

Es scheint, als habe sich in England in verschiedenen Bereichen frühzeitig eine vergleichsweise moderne Entwicklung angebahnt, die in späteren Perioden den Druck zu einer starken Veränderung oder gar Eliminierung bestehender Institutionen und Strukturen gering hielt. Das gilt ganz offensichtlich für das Königtum, in dem viele Briten heute zugleich das augenfälligste Symbol und die wichtigste Ursache der mangelnden Modernität ihres Landes sehen. Seine frühzeitige Beschränkung, seine Zähmung durch Revolutionen und durch einen erzwungenen Wechsel der Dynastien sowie schließlich seine Umformung in Richtung auf eine parlamentarische Monarchie haben ihm einen Lern- und Anpassungsprozeß aufgezwungen, der die Institution als solche überleben ließ.

Ähnliches gilt ganz unzweifelhaft auch für das Parlament. Es war bereits im Mittelalter in so hohem Maße repräsentativ für den Gesamtstaat und so wenig eine exklusive, besondere Privilegien verteidigende Ständeversammlung, daß es durch die allmähliche Hinzufügung demokratischer Elemente im 19. und 20. Jahrhundert verändert werden konnte, dabei aber seinen adlig-grundherrlichen Charakter sehr lange behielt.

Was von der Monarchie und dem Parlament gesagt werden kann, läßt sich auch von der Verfassungsordnung insgesamt behaupten. Sie enthielt bereits in der vorkonstitutionellen Periode genügend Elemente des modernen Verfassungsstaates, um überleben zu können. Die Notwendigkeit einer Einhegung der souveränen Gewalt der „Crown-in-Parliament" durch eine geschriebene Verfassung und durch die Fixierung von Grundrechten wurde (sieht man von den Levellers ab) kaum empfunden, weil sie eine starke repräsentative Komponente enthielt, weil es relativ feste konstitutionelle Konventionen gab und weil die seit dem Mittelalter bestehenden Rechte durch die Gerichte gesichert erschienen. Die Tatsache, daß die Revolution in England bereits um die Mitte des 17. Jahrhunderts in einem noch ganz überwiegend von Adel und Monarchie geprägten Milieu stattfand und die radikalen Energien zu einem erheblichen Teil auf die Religion gerichtet waren, verhinderte trotz des im Januar 1649 erfolgenden Lippenbekenntnisses des Parlaments zur Volkssouveränität deren Durchsetzung. Von den beiden kurzlebigen geschriebenen Verfassungen, die England während der Zeit des Interregnums in den 1650er Jahren gehabt hat, war die erste von der Armee oktroyiert, die zweite mit dem Parlament vereinbart worden. Keine ging vom Volk aus. Es erfolgte in England nicht die Neugestaltung auf der Grundlage des Prinzips der Volkssouveränität, wie sie in den 1770er und 1780er Jahren in den Vereinigten Staaten geschah. Erst neuerdings ist, wie schon erwähnt, angesichts der wachsenden Verselbständigung der Exekutive und der absolutistischen Implikationen eines „parlamentarischen Monotheismus" (Mount) die Unzufriedenheit mit dem bestehenden Verfassungszustand groß geworden. Das Prinzip der Parlamentssouveränität wird als pseudodemokratische Fiktion kritisiert, die eine Entwicklung Großbritanniens zur modernen Staatsbürgergesellschaft verhindert. Die „Charter 88" versucht, den Akt der demokratischen „Neugründung" (Hannah Arendt) nachzuholen, den es in England nie gegeben hat.

Beharrung durch partielle Antizipation von Modernität läßt sich auch im religiösen und im gesellschaftlichen Bereich feststellen. Die Gewährung von Toleranz im 17. Jahrhundert erklärt es, daß es in England noch heute eine Staatskirche gibt. Der Zwang zur Veränderung war, trotz der heftigen Proteste der Nonkonformisten gegen die „established church", zu gering. Was den sozialen Bereich angeht, so war die ständische Gliederung in England so wenig starr und Status so frühzeitig mit dem Eigentum verbunden, daß die Ständegesellschaft reibungslos in die Klassengesellschaft übergehen konnte – in eine Klassengesellschaft freilich, in der das adlig-grundherrliche Element bis zum ausgehenden 19. Jahrhundert dominant blieb und bis heute ein besonderes Prestige behalten hat. Die frühe „Verbürgerlichung" des englischen Adels, die sich in der Markt- und Profitorientierung der Grundherren sowie in ihrer Bereitschaft zur Nutzung nichtagrarischer Einnahmequellen zeigte, gab ihm nicht nur eine starke ökonomische Basis, sondern erleichterte ihm auch den Eintritt in das „bürgerliche Zeitalter". Er konnte sich um so besser den bürgerlichen Werten anpassen und mit dem Bürgertum arrangieren.

Auch daß der Adel in England in seinen unteren Rängen traditionell sehr offen und aufnahmebereit war, hat ihn aus bürgerlicher Sicht weniger anstößig gemacht als anderswo. Nicht zuletzt daraus erklärt es sich, daß Großbritannien so lange ein Oberhaus mit erblichen Peers hatte, die dort aus eigenem Recht saßen, ohne irgendwie gewählt zu sein. Erst 1958 traten zu den erblichen Peers auf Lebenszeit ernannte Peers hinzu. 1999 wurden die erblichen Sitze im Oberhaus abgeschafft, obwohl 92 Erbpeers aufgrund einer Wahl durch ihresgleichen im House of Lords bleiben durften und inzwischen auch einige andere erbliche Peers als Life Peers wieder in die Zweite Kammer gelangt sind.

Die aufgewiesene Verbindung zwischen einer frühen Herausbildung moderner Züge und der Lebenskraft älterer Strukturen und Institutionen läßt sich schließlich ebenfalls im Wirtschaftsbereich beobachten. Der Übergang zur kapitalistischen Ökonomie vollzog sich in England relativ frühzeitig und unter der Herrschaft einer grundbesitzenden Elite. Das gab seiner Wirtschaft eine starke Ausrichtung auf die Finanz und den Handel, die nach der Erschütterung des Pariser Geldmarktes im deutsch-französischen Krieg von 1870/71 und nach dem Aufkommen technologisch überlegener industrieller Konkurrenz wieder vorherrschend wurde. Die Überlegenheit dieser Konkurrenten erklärt sich wiederum vor allem daraus, daß der Anteil wissenschaftlicher Forschung an der bereits in der zweiten Hälfte des 18. Jahrhunderts einsetzenden Industriellen Revolution in England gering war und diese Tatsache dort eine indifferente Haltung in bezug auf die technische Ausbildung und die Einrichtung von Laboratorien in der Industrie gefördert hatte. Auch hier sind die Prägekraft und die hemmende Wirkung eines frühzeitigen Übergangs zu Modernität erkennbar.

England, so kann man zusammenfassen, nahm im Mittelalter und zu Beginn der Neuzeit so viel von der Moderne vorweg, daß es ihr in mancher Hinsicht auf eigentümliche Weise fernbleiben konnte. Der frühe Eintritt in die moderne Welt erzeugte – neben der geschickten Politik einer Elite, die schwere innere Erschütterungen und katastrophale militärische Niederlagen mit den daraus resultierenden Umbrüchen zu vermeiden wußte – paradoxerweise ein Defizit an Modernität. Es bleibt abzuwarten, ob die von der Regierung Blair unsystematisch und halbherzig durchgeführten Verfassungsreformen hier wirklich Abhilfe schaffen. Es mag sein, daß diese eine eigene Dynamik entfalten und tiefgreifende Veränderungen bewirken. Möglich ist aber auch, daß sie – wie die partielle Oberhaus„reform" vom November 1999 – den konstitutionellen Pluralismus noch reduzieren und der Exekutive neue Machtmittel zuführen. Das House of Lords besitzt seit 1999 eine geringere Legitimität als vorher. Blair hat bereits an die 200 neue Life Peers ernannt – unter ihnen viele, die sich nur durch ihre Fähigkeit zum Gelderwerb und ihre Ergebenheit gegenüber dem Premierminister auszeichnen. Man nennt sie boshaft „Tony's Cronies" (Tonys Kumpel oder Kumpane). Sie drohen, das Oberhaus in eine wohlgeölte Abstimmungsmaschine für die Regierung zu verwandeln, solange seine Zusammensetzung nicht wenigstens teilweise durch Wahlen bestimmt wird.

# Anmerkungen

## Vorwort

1 Kurt Kluxen, Geschichte Englands, Stuttgart 1991⁴; Peter Wende, Geschichte Englands, Stuttgart 1985; Geschichte Englands, Bd. 1: Karl F. Krieger, Von den Anfängen bis zum 15. Jahrhundert, München 1990; Bd. 2: Heiner Haan u. Gottfried Niedhart, Vom 16. bis zum 18. Jahrhundert, München 1993; Bd. 3: Gottfried Niedhart: Im 19. und 20. Jahrhundert, München 1987.

## I. Die mittelalterlichen Grundlagen des englischen Staates und der englischen Freiheit

1 Leopold von Ranke, Über die Epochen der neueren Geschichte, Darmstadt 1959, S. 118. Zum Englandbild Rankes vgl. Hans-Christoph Schröder, Rankes „Englische Geschichte" und die Whighistoriographie seiner Zeit, in: Rudolf Vierhaus (Hrsg.), Frühe Neuzeit – Frühe Moderne?, Göttingen 1992, S. 27–47.

2 H. R. Loyn, Anglo-Saxon England and the Norman Conquest, Paperbackausg. London 1981, S. 303.

3 Diese Auffassung vertritt ganz entschieden Alan Macfarlane, The Origins of English Individualism, Oxford 1978. Zu einer sehr ähnlichen Ansicht war jedoch bereits der viktorianische Rechtshistoriker Maitland gelangt. Vgl. bes. Frederic William Maitland, Domesday Book and Beyond, hrsg. u. eingel. v. J. C. Holt, Cambridge 1987, S. IXf., 347–350, 352f. Siehe dazu J. W. Burrow, Whigs and Liberals, Continuity and Change in English Political Thought, Oxford 1988, bes. S. 141f.

4 W. L. Warren, The Governance of Norman and Angevin England 1086–1272, London 1987, S. 3.

5 Vgl. dazu Hans-Christoph Schröder, Die unvollendete Revolution. Das sozialradikale Programm Winstanleys und Babeufs im Kontext revolutionärer Entwicklung, in: Ders. u. Hans-Dieter Metzger (Hrsg.), Aspekte der Französischen Revolution, Darmstadt 1992, S. 161–181.

6 Dieses Amalgam wird sehr treffend charakterisiert bei Kurt Kluxen, Englische Verfassungsgeschichte, Mittelalter, Darmstadt 1987, S. 23.

7 Vgl. dazu M.T. Clanchy, From Memory to Written Record, England 1066–1307, Paperbackausg. London 1987.

8 Marjorie Chibnall, Anglo-Norman England 1066–1166, Paperbackausg. Oxford 1987, S. 121.

9 Ebd., S. 126.

10 Dazu grundlegend J. C. Holt, Magna Carta, Paperbackausg. Cambridge 1976.

11 Vgl. dazu Clanchy, S. 212 ff.
12 Holt, S. 184.
13 Leopold von Ranke, Englische Geschichte, Hamburg 1957, Bd. I, S. 41.
14 Susan Reynolds, Kingdoms and Communities in Western Europe 900–1300, Paperbackausg. Oxford 1986, S. 268.
15 Vgl. J.G. Edwards, The *Plena Potestas* of English Parliamentary Representatives, in: E. B. Fryde und E. Miller (Hrsg.), Historical Studies of the English Parliament, Cambridge 1970, Bd. I, S. 136–149; Michael Prestwich, Edward I, London 1988, S. 454ff.
16 Otto Brunner, Land und Herrschaft, Wien 1959, S. 422.
17 Marc Bloch, Die Feudalgesellschaft, Frankfurt 1982, S. 326, 397.
18 Martin Kriele, Die Herausforderung des Verfassungsstaates, Hobbes und die englischen Juristen, Neuwied 1970.

## II. Die Ambivalenz der Tudorherrschaft

1 Mervin James, English Politics and the Question of Honour 1485–1642, Oxford 1978, S. 18.
2 D. M. Palliser, The Age of Elizabeth: England under the later Tudors 1547–1603, London 1983, S. 303.
3 J. H. Gleason, The Justices of the Peace in England, 1558–1640, Oxford 1969, S. 76. P. Clark, English Provincial Society from the Reformation to the Revolution: Religion, Politics and Society in Kent, 1500–1640, Hassocks 1977, S. 127f., 147, 258.
4 W. M. Lamont, Godly Rule, Politics and Religion 1603–1660, London 1969.
5 Ranke, Englische Geschichte, Bd. I, S. 114.
6 Thomas Smith, De Republica Anglorum, hrsg. v. Mary Dewar, Cambridge 1982, S. 78.
7 Christopher Haigh, Elizabeth I, London 1988, S. 106ff., 113–118.
8 Zitiert nach Michael A. R. Graves, The Tudor Parliaments, London 1985, S. 80.
9 Vgl. für die zeitgenössische Hochschätzung des Parlaments vor allem die 1577 verfaßte Schrift von William Harrison, The Description of England, Ithaca 1968, S. 149f.

## III. Das revolutionäre Jahrhundert

1 Max Weber, Deutschlands künftige Staatsform, in: Ders. Gesammelte Politische Schriften, Tübingen 1958, S. 454.
2 David Starkey, Which Age of Reform?, in Christopher Coleman u. David Starkey (Hrsg.), Revolution Reassessed, Revisions in the History of Tudor Government and Administration, Oxford 1986, S. 21.
3 Hans-Dieter Metzger, Thomas Hobbes und die Englische Revolution, 1640–1660, Stuttgart 1991, bes. S. 246–256.

4 Der Text ist abgedruckt in: E. N. Williams (Hrsg.), The Eighteenth Century Constitution, Cambridge 1965, S. 26–29.
5 John Brewer, The Sinews of Power: War, Money and the English State, 1688–1783, London 1989, S. 159.
6 Das Gesetz ist abgedruckt in: Williams (Hrsg.), S. 56–60. – Die Nachfolgeregelung ließ sich sogar im Sinne einer Wahlmonarchie interpretieren. 1780 bestritt Charles James Fox – kein plebejischer Radikaler, sondern ein Mitglied des aristokratischen Establishment, der noch wenige Jahre zuvor dem Ministerium angehört hatte und bald wieder Minister wurde – in einer Rede, daß Georg III. ein „hereditary right" auf das Königsamt besitze. Das Parlament habe ihn zum Nachfolger auf dem Thron gemacht, aber ein ererbtes Recht auf ihn besitze er nicht: „Er war ... ein bloß vom Volk eingesetztes Geschöpf (the mere creature of the people's instituting), und was er an Rechten besaß, das besaß er nur treuhänderisch für das Volk, für dessen Nutzen und Wohl" (zitiert nach L. G. Mitchell, Charles James Fox, Oxford 1992, S. 32).

## IV. Die parlamentarische Monarchie

1 Im Verfassungsdenken setzte sich freilich das Prinzip der Verklammerung und Kooperation von Regierung und Parlament nur sehr zögernd durch. Noch 1788 konnte Charles James Fox die Ansicht vertreten, daß die drei Zweige der Verfassung nicht nur unabhängig zu sein hätten, sondern sich geradezu „feindlich" zueinander verhalten müßten. Andernfalls gehe die politische Freiheit verloren (Mitchell, S. 83f.). Erst Walter Bagehot hat die Fiktion der Unabhängigkeit ganz fallengelassen und 1867 in seinem klassischen Werk über die englische Verfassung „die enge Verbindung, die nahezu vollständige Verschmelzung der exekutiven und legislativen Gewalt" ausdrücklich als deren „Erfolgsgeheimnis" bezeichnet (Walter Bagehot, The English Constitution, Neudr. London 1955, S. 125). Aufschlußreich ist freilich, daß selbst Bagehot immer noch von einem „secret" sprach.
2 Rommey Sedgwick (Hrsg.), Lord Hervey's Memoirs, Harmondsworth 1984, S. 114.
3 W. A. Speck, Stability and Strife, England 1714–1760, London 1977, S. 160.
4 Zusammenfassend zum Schrumpfen der Regierungspatronage: Norman Gash, Aristocracy and People, Britain 1815–1865, London 1979, S. 49 ff.
5 Linda Colley, Britons, Forging the Nation 1707–1837, New Haven 1992, S. 195–236.

## V. Adel, Bürgertum und Unterschichten

1 Leopold von Ranke, Die großen Mächte – Politisches Gespräch, mit einem Nachwort von Theodor Schieder, Göttingen 1955, S. 50.
2 John Cannon, Aristocratic Century: The Peerage of 18th-Century England, Cambridge 1984, S. 114 f.
3 Reed Browning, The Duke of Newcastle, New Haven 1975, S. 34, 52.
4 Cannon, Aristocratic Century, S. 106 f.
5 Ebd., S. 137.
6 Roy Porter, English Society in the Eighteenth Century, Harmondsworth 1982, S. 76 f.
7 Edmund Burke, Further Reflections on the Revolution in France, hrsg. v. Daniel E. Ritchie, Indianapolis 1992, S. 215.
8 J. C.D. Clark, English Society, 1688–1832, S. 103.
9 Keith Thomas, Man and the Natural World, New York 1983, S. 208.
10 Weber, Gesammelte Politische Schriften, S. 331. Die Gentry hielt sich, wie Weber an anderer Stelle bemerkte, „im Besitz der sämtlichen Ämter der lokalen Verwaltung, indem sie dieselben gratis übernahm im Interesse ihrer eigenen sozialen Macht" (Max Weber, Wirtschaft und Gesellschaft, Studienausg. hrsg. v. Johannes Winckelmann, Köln 1964, 2. Halbband, S. 1051).
11 Paul Langford, Public Life and Propertied Englishmen, 1689–1798, Oxford 1991, S. 406 f.
12 Vgl. dazu Colley, Britons, bes. S. 178–193. Ein Autor spricht sogar von einem neuen „Schwertadel" in England, der in der langen Kriegszeit geschaffen worden sei (C. A. Bayly, Imperial Meridian, The British Empire and the World, 1780–1830, London 1989, S. 134).
13 Langford, S. 114 f.
14 Joanna Innes, Jonathan Clark, Social History and England's ,Ancien Regime', in: Past and Present, No. 115, 1987, S. 165–200. Michael Maurer (Hrsg.), O Britannien, Von deiner Freiheit einen Hut voll, Deutsche Reiseberichte des 18. Jahrhunderts, München 1992, S. 161.
15 Langford, S. 336.
16 Ebd., S. 174.
17 Ebd., S. 271.
18 Nicholas Rogers, Resistance to Oligarchy: The City Opposition to Walpole and his Successors, 1725–47, in: John Stevenson (Hrsg.), London in the Age of Reform, Oxford 1977, S. 8; Ders., Whigs and Cities, Popular Politics in the Age of Walpole and Pitt, Oxford 1989, S. 58 f.
19 Bayly, S. 129.
20 Vgl. dazu A. Roger Ekirch, Bound for America, The Transportation of British Convicts to the Colonies, 1718–1775, Oxford 1987.

21 Marcus Rediker, Between the Devil and the Deep Blue Sea, Merchant Seamen, Pirates, and the Anglo-American Maritime World, 1700–1750, Cambridge 1987, S. 33.
22 Clive Emsley, The English Bobby: An Indulgent Tradition, in: Roy Porter (Hrsg.), Myths of the English, Oxford 1992, S. 115.
23 Correlli Barnett, Britain and Her Army 1509–1870, Harmondsworth 1974, S. 353.
24 E. P. Thompson, Customs in Common, London 1991, S. 287.
25 Zitiert nach David Cannadine, G. M. Trevelyan, London 1992, S. 194. Vgl. auch Charles Townshend, Making the Peace, Order and Public Security in Modern Britain, Oxford 1993, S. 10.
26 Pat Hudson, The Industrial Revolution, London 1992, S. 84.
27 Ralf Dahrendorf, On Britain, London 1982, S. 63.
28 Richard Hoggart, A Local Habitation, Life and Times: 1918–1940, S. 130 f.
29 Will Hutton, The State We're in, London 1995, S. 137. Vgl. auch David Marquand, The Progressive Dilemma, London 1991, S. 22, 68 f. Marquand geht sogar so weit zu behaupten, daß England überhaupt niemals eine „Bürgerkultur" (civic culture), sondern stets nur eine „Untertanenkultur" (subject culture) besessen habe, die „keinen oder wenig Raum für ein aktives und partizipatorisches Bürgerverhalten bot" (S. 215 f.).

## VI. Die erweiterte Adelsherrschaft

1 Vgl. dazu das wichtige Buch von A. D. Harvey, Collision of Empires, Britain in Three World Wars, 1793–1945, London 1992, bes. S. 143–162.
2 Eine solche Veränderung im Habitus der Elite, der den Prestigeverlust der 1780er Jahre wieder wettgemacht und ihr eine neue Herrschaftslegitimation verschafft habe, betont Colley, bes. S. 147–193.
3 Thomas Carlyle, Chartism, in: Ders., Essays, London 1950, S. 223.
4 D. G. Thomas, Lord North, London 1976, S. 5. T. A. Jenkins (Hrsg.), The Parliamentary Diaries of Sir John Trelawny 1858–1865, London 1990, S. 81 f.
5 Zitiert nach Donald Winch, Malthus, Oxford 1987, S. 72.
6 Roland Quinault, The Industrial Revolution and Parliamentary Reform, in: P. K. O'Brien u. R. Quinault (Hrsg.), The Industrial Revolution and British Society, Cambridge 1993, S. 196. In Manchester war es nach Read in erster Linie Unzufriedenheit mit der Handelspolitik der Toryregierung, die die bis dahin an einer parlamentarischen Repräsentation ihrer Stadt nicht interessierten Unternehmer ihre Haltung revidieren ließ (Donald Read, Peterloo, The ‚Massacre' and its Background, Neudr. Clifton 1973, S. 177 ff.).
7 Im Unterschied zum 18. Jahrhundert waren jetzt auch sehr viel weniger „close boroughs" in den Händen von Whigs. Mehr als doppelt

soviele befanden sich im Besitz von Tories (Jonathan Parry, The Rise and Fall of Liberal Government in Victorian Britain, New Haven 1993, S. 74f.).

8 Joseph Hamburger, Macaulay and the Whig Tradition, Chicago 1976, S. 140.
9 Frank O'Gorman, Voters, Patrons and Parties, The Unreformed Electorate of Hannoverian England, 1734–1832, Oxford 1989, S. 179ff.
10 Thomas Babington Macaulay, Selected Writings, hrsg. v. John Clive u. Thomas Pinney, Chicago 1972, S. 165–180.
11 George Eliot, Felix Holt, The Radical, Harmondsworth 1975, S. 396.
12 John Belchem, ‚Orator' Hunt, Henry Hunt and English Working-Class Radicalism, Oxford 1985, S. 224.
13 John Clive, Not by Fact Alone, Essays on the Writing and Reading of History, London 1989, S. 182f.
14 Willibald Steinmetz, Das Sagbare und das Machbare, Zum Wandel politischer Handlungsspielräume – England 1780–1867, Stuttgart 1993, S. 328.
15 W. A. Speck, A Concise History of Britain 1707–1975, Cambridge 1993, S. 89f.
16 Gash, Aristocracy and People, S. 347; W.L. Guttsman (Hrsg.), The English Ruling Class, London 1969, S. 153ff.
17 M. G. Wiebe (Hrsg.), Benjamin Disraeli Letters, vol. 5, Toronto 1993, S. 118; Jasper Ridley, Lord Palmerston, London 1970, S. 512.
18 Vgl. dazu vor allem W.D. Rubinstein, Men of Property, The Very Wealthy in Britain since the Industrial Revolution, London 1981.
19 Vgl. dazu Norman Gash, Sir Robert Peel, The Life of Sir Robert Peel after 1830, London 1986, bes. S. 582, 589f.
20 Zitiert nach Ian Bradley, The Optimists, Themes and Personalities in Victorian Liberalism, London 1980, S. 54; T.A. Jenkins, The Liberal Ascendancy, 1830–1886, London 1994, S. 100. Angesichts der Nachgiebigkeit gegenüber dem Adel innerhalb des Bürgertums nach Aufhebung der Kornzölle spricht ein Historiker davon, daß das Jahr 1846 „Triumph für den Freihandel, aber Niederlage für die ‚Freihändler' bedeutet habe" (G. R. Searle, Entrepreneurial Politics in Mid-Victorian Britain, Oxford 1993, S. 50).
21 Alexander Herzen, Aus meinem Leben, Memoiren und Reflexionen, Bd. III, Berlin 1962, S. 135.
22 Vgl. dazu Hans-Christoph Schröder, Countryposition und Levellerprogramm, Zur Kontinuität politischen Denkens im frühneuzeitlichen England, in: Mentalitäten und Lebensverhältnisse, Rudolf Vierhaus zum 60. Geburtstag, Göttingen 1982, S. 121–142.
23 Samuel Bamford, Passages in the Life of a Radical, Neudr. London 1967, S. 219ff.
24 William Hazlitt, The Spirit of the Age, Or, Contemporary Portraits, Neudr. New York 1983, S. 132f.

25 Henry James, Portrait of a Lady, New York 1951, S. 101 f. Zu Winston Churchills Forderung nach einer Abschaffung des Oberhauses und einer Aufteilung des aristokratischen Großgrundbesitzes während seiner radikalliberalen Phase vor dem Ersten Weltkrieg bei gleichzeitiger intensiver Pflege seiner eigenen hocharistokratischen Verwandtschaftsbeziehungen vgl. David Cannadine, Winston Churchill as an Aristocratic Adventurer, in: Ders., Aspects of Aristocracy, New Haven 1994, S. 156.

## VII. Die Demokratisierung und die Entwicklung zum Sozialstaat

1 David Cannadine, The Decline and Fall of the British Aristocracy, New Haven 1990, S. 40.
2 Speck, Concise History, S. 101 f.
3 Cannadine, Decline, S. 189.
4 Malchow, S. 336 f.
5 Cannadine, Decline, S. 703.
6 Peter Clarke, A Question of Leadership, Gladstone to Thatcher, London 1991, S. 104.
7 Max Weber kontrastierte im Februar 1918 in einem Artikel der „Frankfurter Zeitung" die provozierende Behandlung der Wahlrechtsfrage durch den „preußischen Klassenlandtag" mit der Tatsache, „daß die aristokratischste Körperschaft der Erde, das englische Oberhaus, eben jetzt das demokratischste Wahlrecht irgendeines Großstaats glatt angenommen hat" (Weber, Gesammelte Politische Schriften, S. 294). Die Ausweitung des Wahlrechts im Jahre 1918 war allerdings zum Teil von der Absicht bestimmt, die organisierte Arbeiterschaft zu schwächen und das patriotisch-konservative Potential weiblicher Wähler zu nutzen. Vgl. dazu John Turner, British Politics and the Great War, New Haven 1992, S..121, 414 f., 417 ff., 432, 434 f.
8 Ross McKibbin, The Ideologies of Class, Social Relations in Britain 1880–1950, Paperbackausg. Oxford 1991, S. 77.
9 Vgl. dazu die subtilen Überlegungen bei McKibbin, bes. S. 9, 81.
10 Vgl. dazu A. J. P. Taylor, The Trouble Makers, Dissent over Foreign Policy 1792–1939, Taschenbuchausg. London 1969; Marvin Swartz, The Union of Democratic Control in British Politics During the First World War, Oxford 1971; J. M. Winter, Socialism and the Challenge of War, London 1974.
11 Vgl. dazu vor allem Maurice Cowling, The Impact of Labour, 1920–1924, Cambridge 1971.
12 J. Scally, The Origins of the Lloyd George Coalition, Princeton 1975; vgl. auch jetzt den allgemeinen Überblick bei G. R. Searle, Country Before Party, Coalition and the Idea of National Government in Modern Britain 1885–1987, London 1995.

13 McKibbin, bes. S. 275, 281 f.
14 Paul Kennedy, The Realities Behind Diplomacy, Background Influences on British External Policy, 1865–1980, London 1981, S. 297 f. Maurice Cowling, The Impact of Hitler, Cambridge 1975.
15 Robert Pearce, Attlee's Labour Governments, 1945–51, London 1994, S. 14.
16 Vgl. „Times", 21. 6. 1994.
17 Paul Addison, The Road to 1945, British Politics and the Second World War, Paperbackausg. London 1982, S. 227. – Der Konservative Politiker Quintin Hogg hatte während der Debatte um den Beveridge Report gewarnt: „Wenn ihr dem Volk nicht die soziale Reform gebt, dann wird es euch die soziale Revolution geben" (Samuel Beer, Modern British Politics, London 1965, S. 307).
18 McKibbin, S. 288.
19 Peter Hennessy, Never Again, Britain 1945–1951, London 1992, S. 78.
20 John Grigg, Lloyd George, in: Paul Barker (Hrsg.), Founders of the Welfare State, London 1984, S. 74.
21 Pearce, S. 53.
22 John Veit Wilson, Seebohm Rowntree, in: Barker (Hrsg.), S. 82.
23 Hennessy, S. 450.
24 Vgl. dazu die Äußerungen Edens und R. A. Butlers bei Beer, S. 270 f.
25 Zitiert nach Beer, S. 271.
26 Man hat zurecht auf die merkwürdige Tatsache hingewiesen, daß die Engländer zur gleichen Zeit in Westdeutschland die Bemühungen um die Einführung der Mitbestimmung unterstützten (Kenneth O. Morgan, Labour in Power 1945–1951, Oxford 1984, S. 136).
27 Vgl. die Tabelle bei Alan Sked, Britain's Decline, Problems and Perspectives, Oxford 1987, S. 33.
28 Richard Cobden, Political Writings, London 1903, S. 21.
29 Das ist die überzeugende Hauptthese des Buches von John Darwin, Britain and Decolonisation, The Retreat from Empire in the Post-War World, London 1988.
30 Vgl. dazu Wm. Roger Louis und Ronald Robinson, Empire Preserv'd, How the Americans Put Anti-Communism Before Anti-Imperialism, in: The Times Literary Supplement, 5. 5. 1995, S. 14 ff.
31 Robert Holland, The Pursuit of Greatness, Britain and the World Role 1900–1970, London 1991, S. 225. Hennessy, S. 216 ff.
32 David Goldsworthy (Hrsg.), The Conservative Government and the End of Empire, London 1994, Teil 3, S. 43–50.
33 John Campbell, Roy Jenkins, London 1983, S. 71.
34 Philip Ziegler, Wilson, London 1993, bes. S. 215, 219, 432.

## VIII. Vom Empire zum Commonwealth

1 Paul M. Kennedy, The Rise and Fall of British Naval Mastery, London 1983, S. 17.
2 Ebd., S. 82.
3 Das übersah Carl Schmitt, der in der Hinnahme britischer Seeherrschaft nur eine Folge der geistigen Hegemonie des „großen Leviathan" zu erkennen vermochte – einen Beweis dafür, daß die Völker im Banne „englischer Ideen" standen (Carl Schmitt, Land und Meer. Eine weltgeschichtliche Betrachtung, Köln 1981, S. 88 f.).
4 Vgl. dazu Hans-Christoph Schröder, Die Amerikanische Revolution, München 1982.
5 Colley, S. 130.
6 P. J. Marshall, The Eighteenth Century Empire, in: Jeremy Black (Hrsg.), British Politics and Society from Walpole to Pitt 1742–1789, London 1990, S. 199 f.
7 Bayly, S. 3.
8 Dazu jetzt ausführlich Stig Förster, Die mächtigen Diener der East Indian Company, Ursachen und Hintergründe der britischen Expansionspolitik in Südasien, 1793–1819, Stuttgart 1992.
9 J. R. Seeley, Die Ausbreitung Englands, Berlin 1954, S. 293.
10 Vgl. dazu jetzt ausführlich und in international vergleichender Perspektive E. H. H. Green, The Crisis of Conservatism, The Politics, Economics and Ideology of the British Conservative Party, 1880–1914, London 1995.
11 Die folgende Skizze stützt sich vor allem auf David Cannadine, The Context, Performance and Meaning of Ritual: The British Monarchy and the ‚Invention of Tradition', c. 1820–1977, in: Eric Hobsbawm u. Terence Ranger (Hrsg.), The Invention of Tradition, Cambridge 1984, S. 101–164.
12 Ebd., S. 121.
13 John M. MacKenzie, Propaganda and Empire, The Manipulation of British Public Opinion 1880–1960, Manchester 1984, bes. S. 3 ff., 221.
14 Kennedy, Rise and Fall, S. 256 f.
15 Ebd., S. 275.
16 Über den tatsächlichen Machtschwund Englands konnte auch die Tatsache hinwegtäuschen, daß es wegen des Isolationismus der Vereinigten Staaten sowie der vorübergehenden Schwäche Deutschlands und Rußlands zunächst der wichtigste Akteur auf der internationalen Bühne war.
17 Vgl. Hans-Christoph Schröder, George Orwell, Eine intellektuelle Biographie, München 1988, S. 170 f.
18 John Charmley, Churchill: The End of Glory, A Political Biography, London 1993, S. 398–407. In einer unlängst veröffentlichten Untersu-

chung wird versucht, die Bereitschaft von Außenminister Halifax zu Kontaktaufnahmen mit Mussolini wegen eines Verständigungsfriedens allein mit der Rücksichtnahme auf Frankreich zu erklären. Bei den Divergenzen Ende Mai 1940 zwischen Halifax und Chamberlain auf der einen, Churchill auf der anderen Seite habe es sich nur um „oberflächliche Differenzen" gehandelt (Sheila Lawlor, Churchill and the Politics of War, 1940–1941, Cambridge 1994, bes. S. 73 ff., 78 ff., 87). Diese Argumentation vermag nicht zu überzeugen.
19 Charmley, bes. S. 648 f.
20 Pearce, S. 68.
21 Ellen Meiksins Wood, The Pristine Culture of Capitalism, London 1991, S. 165, 167.
22 P. J. Cain u. A. G. Hopkins, British Imperialism: Innovation and Expansion, 1688–1914, London 1993; Dies. British Imperialism: Crisis and Deconstruction, 1914–1990, London 1993; W. D. Rubinstein, Capitalism, Culture, and Decline in Britain, 1750–1990, London 1993.
23 Cain u. Hopkins, Crisis and Deconstruction, bes. S. 299 f. Das Vorhandensein von fundamentalen Interessengegensätzen sowie einer Barriere zwischen Industriellen und „gentlemanly capitalists" bestreitet M. J. Daunton, „Gentlemanly Capitalism" and British Industry 1820–1914, in: Past and Present, Nr. 122, 1989, S. 119–158.
24 Dazu kritisch David S. Landes, The Fable of the Dead Horse, or, The Industrial Revolution Revisited, in: Joel Mokyr (Hrsg.), The British Industrial Revolution, An Economic Perspective, Boulder 1993, S. 132–170.
25 Rubinstein, Capitalism, S. 154.

## IX. Der Thatcherismus und die Abkehr von der Konsenspolitik

1 Dennis Kavanagh, Thatcherism and British Politics, The End of Consensus?, 2. Aufl. Oxford 1990, S. 6.
2 Zur Einordnung des Thatcherismus in die englische Nachkriegsentwicklung sowie zum Unterschied zwischen ihm und den gleichzeitigen neoliberal-konservativen Politikprogrammen in anderen Ländern vgl. Hans Kastendiek, Vom Nachkriegskonsensus zum Thatcherismus, in: Hans-Georg Wehling (Hrsg.), Großbritannien, Stuttgart 1992, bes. S. 118 f.
3 Die Äußerung Margaret Thatchers in einem Interview mit der Zeitschrift „Woman's Own" ist zitiert bei Peter Riddell, The Thatcher Decade, How Britain has Changed During the 1980s, Oxford 1989, S. 171. Zu der Vorstellung eines auf das Jahr 1940 zurückgehenden „Sozialvertrags" siehe Beer, S. 215.
4 Eine solche gab es bereits während der Kriege gegen das revolutionäre und napoleonische Frankreich. Vgl. dazu Emsley, British Society, bes. S. 117 f.

5 Anthony Brundage, The Making of the New Poor Law, London 1978.
6 Vgl. dazu Charles Loch Mowat, Britain Between the Wars 1918–1940, Paperbackausg. London 1968, bes. S. 325, 329; Martin Gilbert, In Search of Churchill, London 1994, S. 257f.; Paul Addison, Churchill on the Home Front 1900–1955, London 1992, S. 259–270.
7 Noel Annan, Our Age, Portrait of a Generation, London, S. 425.
8 Dieser Traditionsstrang wird etwas zu stark betont in der knappen Zusammenfassung von Andrew Adonis, The Transformation of the Conservative Party in the 1980s, in: Ders. u. Tim Hames (Hrsg.), The Thatcher-Reagan Decade in Perspective, Manchester 1994, bes. S. 147ff.
9 Ebd., S. 145.
10 Vgl. dazu Hans-Christoph Schröder, Imperialismus und antidemokratisches Denken, Alfred Milners Kritik am politischen System Englands, Wiesbaden 1978.
11 Weber, Gesammelte Politische Schriften, S. 359.
12 Vgl. dazu die hervorragende Biographie von John Campbell, Edward Heath, London 1993, S. 436–483.
13 Hugo Young, One of Us, A Biography of Margaret Thatcher, rev. Taschenbuchausg. London 1990, S. 224.
14 Zitiert nach Riddell, S. 7.
15 Kavanagh, S. 294.
16 Vgl. dazu Raphael Samuel, Mrs. Thatcher's Return to Victorian Values, in: T. C. Smout (Hrsg.), Victorian Values, Oxford 1992, S. 20.
17 Young, S. 139.
18 Ein Historiker verweist darauf, daß der harsche, Armut und Schuld assoziierende Thatcherismus eher vorviktorianische als viktorianische Werte widerspiegelt (Boyd Hilton, The Age of Atonement, The Influence of Evangelicalism on Social and Economic Thought 1785–1865, erg. Paperbackausg. Oxford 1991, S. 373f., 393).
19 Young, S. 525.
20 Kavanagh, S. 235f.
21 Young, S. 535. Die zunehmende soziale Ungleichheit in den 1980er Jahren schlug sogar auf die Sterblichkeitsrate durch (Riddell, S. 157f.).
22 In der Zwischenkriegszeit hatte die Arbeitslosenquote im Durchschnitt 14 Prozent betragen. Von 1941 bis 1970 lag sie bei 1,5 Prozent. In den 1980er Jahren betrug sie durchschnittlich 10 Prozent („Times", 5. 7. 1994).
23 Martin Pugh, State and Society, British Political and Social History 1870–1992, London 1994, S. 314.
24 Vgl. „Times", 26. 4. 1994.
25 Young, S. 281.
26 Wie sehr Wahlüberlegungen bei den Abgeordneten die Haltung gegenüber Margaret Thatcher und die Entscheidung für ihren Nachfol-

ger bestimmten, verdeutlichen die Tagebucheintragungen eines damaligen Ministers (Alan Clark, Diaries, London 1993, bes. S. 368 f.).
27 Vgl. dazu Riddell, S. 149–167.
28 Benjamin Disraeli, Sybil: Or The Two Nations, London 1968, S. 279. Lord Jenkins sprach in bezug auf die Entmachtung der lokalen Selbstverwaltung unter Margaret Thatcher von „einem Grad der Herabwürdigung der Bürger, von dem man sich schwer vorstellen kann, daß er irgendeinem anderen demokratischen Land hätte aufgezwungen werden können" (zitiert nach Riddell, S. 177).
29 Anthony Sampson, The Essential Anatomy of Britain, Democracy in Crisis, London 1992, S. 148.
30 David Marquand, The Unprincipled Society, New Demands and Old Politics, Paperbackausg. London 1988, bes. S. 178, 194, 204.
31 Ebd., S. 197. Bereits 1954 waren zwei amerikanische Politikwissenschaftler in einer Untersuchung über die innere Sicherheit in Großbritannien zu der Schlußfolgerung gekommen, daß dort die bis dahin so erfolgreiche Sicherung der Freiheit ganz von der Stärke demokratischer Prinzipien und der Klugheit der Regierenden abhänge. Es gebe „keine förmlichen institutionellen Hindernisse für die Errichtung eines Polizeistaates" (zitiert nach Townshend, S. 135). Nach dem Urteil zweier Juristen geriet unter Margaret Thatcher die bürgerliche Freiheit in England vor allem aufgrund der Stärkung der Polizeigewalt in einen „Zustand der Krise". Sie fordern dieselbe Entschiedenheit im Kampf gegen die Konzentration der Macht und für die Erhaltung der „civil liberties", wie sie die Engländer im 17. Jahrhundert gegen den Stuartdespotismus gezeigt hätten (K. D. Ewing u. C. A. Gearty, Freedom under Thatcher, Civil Liberties in Modern Britain, Oxford 1990, S. 255, 275).
32 Christopher Hitchens, For the Sake of Argument, Essays and Minority Reports, London 1993, S. 160.
33 Marquand, Progressive Dilemma, S. 240.
34 Sampson, S. 160.

# Literaturübersicht

Der folgende bibliographische Überblick beschränkt sich im wesentlichen auf die neuere Literatur, die den gegenwärtigen Stand der Forschung widerspiegelt und mit deren Hilfe sich ältere Werke ermitteln lassen. Genannt werden empfehlenswerte Arbeiten, die der Verfasser gelesen und benutzt hat.

I. Aus vergleichender Perspektive wird das mittelalterliche England behandelt in dem klassischen Werk von *Marc Bloch*, Die Feudalgesellschaft, Berlin 1982, sowie in der ausgezeichneten Arbeit von *Susan Reynolds*, Kingdoms and Communities in Western Europe 900–1300, Oxford 1984. Die „englische Einzigartigkeit" wird thematisiert von *Bernard Guinée*, L'Occident Aux XIVe et XVe Siècles, Paris 1981² (engl. Ausg. unter dem Titel: States and Rulers in Later Medieval Europe, Oxford 1985).

Gute Überblicksdarstellungen sind: *H. P. R. Finberg*, The Formation of England 550–1042, London 1976; *M. T. Clanchy*, England and its Rulers 1066–1272, Oxford 1983; *Anthony Tuck*, Crown and Nobility 1272–1461, London 1985; *J. R. Lander*, Government and Community, England 1450–1509, London 1980. Regierung und Verwaltung Englands im Mittelalter werden in den drei Bänden einer „The Governance of England" betitelten Serie behandelt von *H. R. Loyn*, The Governance of Anglo-Saxon England 500–1087, London 1984; *W. L. Warren*, The Governance of Norman and Angevin England 1086–1272, London 1987; *A. L. Brown*, The Governance of Late Medieval England 1272–1461, London 1989. Eine gute Einführung in die Entwicklung des mittelalterlichen Parlaments liefern die Beiträge in dem Sammelband von *R. G. Davies* u. *J. H. Denton (Hrsg.)*, The English Parliament in the Middle Ages, Manchester 1981, sowie *G. L. Harris*, King, Parliament and Public Finance in Medieval England to 1369, Oxford 1975. Die Beschränkungen, denen die englischen Monarchen im Spätmittelalter unterworfen waren, beleuchtet die knappe Darstellung von *J. R. Lander*, The Limitations of English Monarchy in the Later Middle Ages, Toronto 1989.

II. Die vom Autor für deutsche Leser überarbeitete und ergänzte Fassung eines in England bereits 1955 in erster Auflage erschienenen Werkes ist *Geoffrey R. Elton*, England unter den Tudors, München 1983. Die neueste zusammenfassende Darstellung bietet *John Guy*, Tudor England, Oxford 1988. Ausgezeichnete sozialgeschichtliche Darstellungen sind *D. M. Palliser*, The Age of Elizabeth, England under the later Tudors, London 1983; *Keith Wrightson*, English Society 1580–1680, London 1982. Wichtige Sammelbände, die neue Forschungsansätze und Interpretationen bieten, sind *Christopher Haigh (Hrsg.)*, The English Reformation Revised,

Cambridge 1987; *Ders. (Hrsg.)*, The Reign of Elizabeth I, London 1984. In dem zuletzt genannten Band betont Elton, daß das Parlament im 16. Jahrhundert eine Institution wurde (nicht mehr nur eine Serie von Ereignissen darstellte) und der King-in-Parliament seit 1559 der „sovereign lawmaker" war. Allerdings hebt Elton zugleich die ausschlaggebende Rolle der Monarchen sowie die geringe eigenständige Bedeutung von Lords und Commons hervor. Diese Akzentuierung findet sich noch zugespitzter in *G. R. Elton*, The Parliament of England 1559–1581, Cambridge 1986. Einen ausgezeichneten Überblick über die Diskussion unter den Historikern und eine Zusammenstellung der wichtigsten Fakten bietet *Michael A. R. Graves*, The Tudor Parliaments, Crown, Lords and Commons, 1485–1603, London 1985. Eine vorzügliche, knappe Darstellung der Zeit Elisabeths, in der die verschiedenen Aspekte ihrer Herrschaftsausübung behandelt werden und auch auf die Schwierigkeiten eingegangen wird, die sie als Frau zu überwinden hatte, gibt *Christopher Haigh*, Elizabeth I, London 1988.

III. Relevante Überblicksdarstellungen zur revolutionären Phase der englischen Geschichte sind *Derek Hirst*, Authority and Conflict, England 1603–1658, London 1986; *Hans-Christoph Schröder*, Die Revolutionen Englands im 17. Jahrhundert, Frankfurt 1986. Die Religionsfrage in ihren verschiedenen Aspekten und das Aufkommen des Puritanismus werden dargestellt von *Patrick Collinson*, The Religion of Protestants, The Church in English Society 1559–1625, Oxford 1982. Die beste und präziseste Rekonstruktion des Entfremdungsprozesses zwischen Karl I. und der politischen Nation gibt *L. J. Reeve*, Charles I and the Road to Personal Rule, Cambridge 1989. Gute Aufsatzsammlungen mit neuen Fragestellungen und Erkenntnissen zur Englischen Revolution sind *John Morrill (Hrsg.)*, Oliver Cromwell and the English Revolution, London 1990; *Ders. (Hrsg.)*, Revolution and Restoration, England in the 1650s, London 1992. Die Wiederherstellung der Monarchie und die Restaurationsperiode werden eingehend behandelt von *Ronald Hutton*, The Restoration, Oxford 1985; *Ders.*, Charles II, King of England, Scotland and Ireland, Oxford 1989. Für die Glorious Revolution sind heranzuziehen *W. A. Speck*, Reluctant Revolutionaries, Oxford 1988; *Robert Beddard*, A Kingdom Without a King, The Journal of the Provisional Government in the Revolution of 1688, Oxford 1988.

IV. Die wichtigste Studie zur politischen Stabilisierung nach der Glorious Revolution ist das schmale Buch von *J. H. Plumb*, The Growth of Political Stability in England 1675–1725, Harmondsworth 1969. Eine Zusammenfassung der neueren Forschung gibt *Hans-Christoph Schröder*, Die politische Stabilisierung Englands im 18. Jahrhundert, in: *Hanna Schissler (Hrsg.)*, Schulbuchverbesserung durch internationale Schulbuchforschung? Braunschweig 1985, S. 35–87. Einen knappen, klaren Überblick bietet *Jeremy Black*, Robert Walpole and the Nature of Politics in Early Eighteenth Century England, London 1990. Informativ ist auch der Sammelband von *Jeremy Black (Hrsg.)*, Britain in the Age of Walpole, London 1984. In ihm behandelt in einem besonders lesenswerten Beitrag J. A. Downie – der Verfasser einer Swiftbiographie – die Kritik der zeitgenössischen Schriftsteller an Walpole und seinem System. Die außerordentlich komplizierte und verworrene Geschichte der englischen Parteien nach der Glorious Revolution wird ausführlich dargestellt von *B. W. Hill*, The Growth of Parliamentary Parties 1689–1742, London 1976; *Ders.*, British Parliamentary Parties 1742–1832, London 1985. Eine gedrängte Zusammenfassung bietet *Frank O'Gorman*, The Emergence of the British Two-Party System 1760–1832, London 1982. Einen vorzüglichen Überblick über das englische Verfassungsdenken vom 15. Jahrhundert bis zum frühen 18. Jahrhundert gibt *Wilfried Nippel*, Mischverfassungstheorie und Verfassungsrealität in Antike und früher Neuzeit, Stuttgart 1980.

V. Eine hervorragende Komprimierungsleistung liefert W. A. *Speck*, A Concise History of Britain 1707–1975, Cambridge 1993. Eine gute und zugleich sehr lesbare, ja unterhaltsame sozialgeschichtliche Einführung gibt *Roy Porter*, English Society in the Eighteenth Century, Harmondsworth 1982. Für das Verständnis der Eigentümlichkeiten des englischen Adels und der Langlebigkeit der Adelsherrschaft in England ist heranzuziehen *Hans-Christoph Schröder*, Der englische Adel, in: *Armgard von Reden-Dohna u. Ralph Melville (Hrsg.)*, Der Adel an der Schwelle des bürgerlichen Zeitalters, Stuttgart 1988, S. 21–88. Das wichtigste Buch über die Hocharistokratie im England des 18. Jahrhunderts ist *John Cannon*, Aristocratic Century, The Peerage of Eighteenth-Century England, Cambridge 1984. Von zentraler Bedeutung für das Verhältnis zwischen „Patriziern" und „Plebejern" sowie die Vorstellungswelt und das Verhalten der englischen Unterschichten sind die bahnbrechenden Arbeiten von E. P. Thompson. Seine wichtigsten Beiträge wurden, zumeist von Günther Lottes hervorragend übersetzt, in einer deutschen Ausgabe zusammengefaßt in dem Sammelband: *Edward P. Thompson*, Plebejische Kultur und moralische Ökonomie, Frankfurt 1980. Diese Aufsätze liegen jetzt auch in einer englischen Ausgabe gesammelt und zum Teil erweitert vor (*E. P. Thompson*, Customs in Common, London 1991). Aus der umfangreichen, Thompson teilweise kritisierenden Literatur über die Volksunruhen seien genannt: *Anthony Fletcher u. John Stevenson (Hrsg.)*, Order and Disorder in Early Modern England, Cambridge 1985; *John Brewer u. John Styles (Hrsg.)*, An Ungovernable People, The English and their Law in the Seventeenth and Eighteenth Centuries, London 1980; *John Stevenson*, Popular Disturbances in England 1700–1870, London 1979; *Nicholas Rogers*, Whigs and Cities, Popular Politics in the Age of Walpole and Pitt, Oxford 1989; *Mark Harrison*, Crowds and History, Mass Phenomena in English Towns, 1790–1835, Cambridge 1988. Eine gut geschriebene, freilich durch einen starken Anti-Whig-Affekt bestimmte und der Tradition des Tory-Paternalismus verpflichtete Zusammenfassung bietet das Buch des ehemaligen, von Margaret Thatcher ausgebooteten Konservativen Ministers *Ian Gilmour*, Riot, Risings and Revolution, Governance and Violence in Eighteenth-Century England, London 1992. Zu den Wahlen und ihrem Ritual, in dem die Wähler und die *Nichtwähler* wichtige, hochempfindliche Akteure mit eigenen Erwartungen und Ansprüchen darstellten, ist grundlegend *Frank O'Gorman*, Voters, Patrons and Parties, The Unreformed Electorate of Hannoverian England, 1734–1832, Oxford 1989; *Ders.*, Campaign Rituals and Ceremonies: The Social Meaning of Elections in England 1780–1860, in: Past and Present, 135, 1992, S. 79–115. Unentbehrlich für ein Verständnis des politischen Denkens im England des 18. Jahrhunderts ist *H. T. Dickinson*, Liberty and Property, Political Ideology in Eighteenth-Century Britain, London 1977. Ein aufschlußreiches Englandbild, in dem die starke Durchmischung der sozialen Schichten in der Hauptstadt, der tumultartige Charakter der Wahlen und das durch Argwohn gekennzeichnete politische Denken hervortreten, gibt der Sammelband von *Michael Maurer (Hrsg.)*, O Britannien, Von deiner Freiheit einen Hut voll, Deutsche Reiseberichte des 18. Jahrhunderts, München 1992.

VI. Einen sowohl thematisch als auch regional gegliederten sozialgeschichtlichen Gesamtüberblick bietet der Sammelband von *F. M. L. Thompson (Hrsg.)*, The Cambridge Social History of Britain 1750–1950, 3 Bde. Cambridge 1990. Ebenfalls klar nach Themen gegliedert ist *F. M. L. Thompson*, The Rise of Respectable Society, A Social History of Victorian Britain, 1830–1900, London 1988. Der Einfluß, den die Französische Revolution und die Kriege gegen Frankreich auf die britische Elite ausgeübt haben, ist ein Hauptthema des Buches von *Linda Colley*, Britons, Forging the Nation 1707–1837, New Haven 1992. David Cannadine betont, daß sich die Aristokratie im ausgehenden 18. und frühen 19. Jahrhundert in einer nahezu als Neubildung zu betrachtenden Weise durch hinzukommenden Reichtum zu stärken und ihre Stellung insgesamt noch unangreifbarer zu machen verstand (*David Cannadine*, The Making of the British Upper Classes, in: *Ders.*, Aspects of Aristocracy, New Haven 1994). Der gesellschaftliche und innenpolitische Aspekt der Kriege gegen das revolutionäre und napoleonische Frankreich wird behandelt von *Clive Emsley*, British Society and the French Wars 1793–1815, London 1979; den militärischen Aspekt sowie seine finanziellen und logistischen Implikationen erörtert eingehend *A. D. Harvey*, Collision of Empires, Britain in Three World Wars 1793–1945, London 1992. Folgende Arbeiten sind für den durch die Französische Revolution ausgelösten Radikalismus sowie für die loyalistische Gegenbewegung heranzuziehen: *H. T. Dickinson*, British Radicalism and the French Revolution 1789–1815, Oxford 1985; *Ders. (Hrsg.)*, Britain and the French Revolution

1789–1815, London 1989; *Ders.*, Popular Loyalism in Britain in the 1790s, in: *Eckhart Hellmuth (Hrsg.)*, The Transformation of Political Culture, England and Germany in the Late Eighteenth Century, Oxford 1990, S. 503–533; *Albert Goodwin*, The Friends of Liberty, The English Democratic Movement in the Age of the French Revolution, London 1979; *Günther Lottes*, Politische Aufklärung und plebejisches Publikum, Zur Theorie und Praxis des englischen Radikalismus im späten 18. Jahrhundert, München 1979. Die Arbeit von Lottes geht auch ausführlich auf die Ideen von Thomas Paine ein. Eine sehr lesbare Biographie des Mannes, der sich vom Gegner in einen Anhänger Paines verwandelte und durch seine Veröffentlichungen für den popularen Radikalismus in England höchst bedeutsam wurde, ist *Daniel Green*, Great Cobbett, The Noblest Agitator, London 1983. Sehr gute, knappe Zusammenfassungen der plebejischen Reformbewegung finden sich bei *J. R. Dinwiddy*, From Luddism to the First Reform Bill, Oxford 1986; *John Belchem*, Industrialization and the Working Class, The English Experience, 1750–1900, Aldershot 1990. Eine gute Biographie, in der die Eitelkeiten der Führer der plebejischen Reformbewegung und die Reibungen zwischen ihnen dargestellt werden, ist *John Belchem*, ‚Orator' Hunt: Henry Hunt and English Working-Class Radicalism, Oxford 1985. Den politischen Charakter des Chartismus der 1830er und 1840er Jahre sowie seinen engen Zusammenhang mit dem älteren „Radicalism" betont *Gareth Stedman Jones*, Rethinking Chartism, in: *Ders.*, Languages of Class, Studies in English Working Class History 1832–1982, Cambridge 1983, S. 90–178. Eine zusammenfassende Darstellung des Chartismus, in welcher der Rolle der Frauen ein eigenes Kapitel gewidmet ist, gibt *Dorothy Thompson*, The Chartists, London 1984. Das Buch ist engagiert, erscheint aber gleichwohl im Urteil vorsichtiger und ausgewogener als das berühmte Werk ihres Mannes, *E. P. Thompson*, The Making of the English Working Class, London 1963. Eine wichtige mikrohistorische Studie über die Anwendung des alten Armengesetzes, dessen Abschaffung im Jahre 1834 einen der Hauptanstöße der Chartistenbewegung bildete, liefert der deutsche Historiker *Thomas Sokoll*, Household and Family Among the Poor, The Case of Two Essex Communities in the Late Eighteenth and Early Nineteenth Centuries, Bochum 1993. Nach Sokoll war die Armenfürsorge, jedenfalls in einigen Gemeinden, so umfassend, daß man geradezu von einem Wohlfahrtsstaat sprechen kann. Diese Erkenntnis zwingt zu der Schlußfolgerung, daß das seit dem Buch von *T. H. Marshall*, Class, Citizenship, and Social Development, London 1963, aus der englischen Geschichte üblicherweise herausgelesene Verlaufsschema „civil rights", „political rights", „social rights" nicht ganz aufgeht und etwas modifiziert werden muß. Unter dem alten Armengesetz wurden soziale Rechte anerkannt und zum Teil gewährt, lange bevor es gleiche politische Rechte gab. Der Entzug sozialer Rechte durch das New Poor Law von 1834 kann sogar als eine Ursache für die vom Chartismus erhobene Forderung nach gleichen politischen Rechten, d. h. vor allem nach dem allgemeinen Wahlrecht, betrachtet werden. Von grundlegender Bedeutung für die Pauperismusdiskussion und die Rezeption des Malthusianismus in der ersten Hälfte des 19. Jahrhunderts sind *Rolf Peter Sieferle*, Bevölkerungswachstum und Naturhaushalt, Studien zur Naturtheorie der klassischen Ökonomie, Frankfurt 1990; *Gertrude Himmelfarb*, The Idea of Poverty, England in the Early Industrial Age, London 1984. Himmelfarb geht auch ausführlich auf die literarische Kritik am sich herausbildenden Industrialismus ein. Zur britischen Industrialisierung in der zweiten Hälfte des 18. und der ersten Hälfte des 19. Jahrhunderts liegen jetzt zwei ausgezeichnete zusammenfassende Arbeiten vor, in denen die revisionistische Kritik berücksichtigt, aber an dem Konzept einer Industriellen Revolution festgehalten wird: *Pat Hudson*, The Industrial Revolution, London 1992; *Joel Mokyr*, The New Economic History and the Industrial Revolution, in: Ders. (Hrsg.), The British Industrial Revolution, An Economic Perspective, Boulder 1993, S. 1–131.

Eine Darstellung der Diskussion um die Parlamentsreform seit dem ausgehenden 18. Jahrhundert sowie des Zustandekommens der Reform Acts von 1832 und 1867 gibt *Willibald Steinmetz*, Das Sagbare und das Machbare, Zum Wandel politischer Handlungsspielräume in England 1780–1867, Stuttgart 1993. An dieser, auf einer breiten Quellen- und Literaturkenntnis fußenden, klugen Arbeit stört nur etwas der diskursanalytische Ansatz, der den Verfasser wiederholt dazu verführt, die Bedeutung von „Sprachhandlungen" zu überschätzen. Unentbehrlich für das Verständnis des historischen Hintergrunds der Parlamentsreform von 1832 ist noch immer die materialreiche Studie von *John Cannon*, Parliamentary Reform, 1640–1832, Cambridge 1973. Neue Aufschlüsse über die Motive der Whigs bei ihrer Reformpolitik gibt das Buch von *Peter Mandler*, Aristocratic Government in the Age of Reform, Whigs and Liberals 1830–1853, Oxford 1990. Nach Mandler sahen sie in der Bewältigung des sich schließlich zu einer allgemeinen Krise ausweitenden Problems der Parlamentsreform eine ihnen wesensgemäße nationale Aufgabe, die nicht in dem ihnen weniger zusagenden ökonomischen, sondern im konstitutionellen Bereich lag. Ihr Selbstverständnis als einer über den einzelnen „interests" stehenden, die Gesamtheit im Auge habenden, politisch konstruktiv wirkenden und volksnahen aristokratischen Führungsgruppe wurde dadurch bestätigt. Mandler sieht auch die sozialpolitischen Bemühungen der Whigs in den Jahren nach der ersten Parlamentsreform im Licht dieses Selbstverständnisses. Daß der Einfluß des Adels infolge der Parlamentsreform von 1832 noch gestiegen sei, ist die These von *D. C. Moore*, The Politics of Deference, A Study of the Mid-Nineteenth Century English Political System, Hassocks 1976. Eine interessante Ergänzung dazu, welche ebenfalls die unmittelbare Bedeutung der Wahlrechtsveränderungen relativiert, bietet *Patrick Joyce*, Work, Society and Politics, The Culture of the Factory in Later Victorian England,

Hassocks 1980. Betont Moore das Fortbestehen und die Festigung überkommener Ehrerbietungsstrukturen, so hat Joyce in unverkennbarer Anlehnung an dessen Konzept der „deference communities" für die Fabrikstädte des Nordens (vor allem in Lancashire) sogar die Neubildung solcher Strukturen und einer „politics of influence" auf der Grundlage der Fabrik und des Unternehmerpaternalismus nachgewiesen. Er sieht darin die Ursache für die soziale Stabilisierung Englands im dritten Viertel des 19. Jahrhunderts nach den unruhigen 1830er und 1840er Jahren. Erst mit der Gründung und Ausbreitung der Labour Party sei die auf die Unternehmerfamilie und die Fabrik ausgerichtete, durch „deference and influence" geprägte Haltung der Arbeiter überwunden worden. An die Stelle eines paternalistisch bestimmten Wahlverhaltens sei ein klassenorientiertes Wahlverhalten getreten – und zwar zu einem Zeitpunkt, als der alte Unternehmerpaternalismus angesichts der Zentralisierung der modernen Industrie, der Ausbreitung von GmbHs und der Ausdehnung der Städte an Bedeutung verlor.

*T. A. Jenkins*, The Liberal Ascendancy, 1830–1886, London 1994, gibt einen ausgezeichneten Überblick über jene Phase britischer Geschichte, als Whigs und Liberale das politische System dominierten und eine „natürliche", wenngleich durch die Gegensätze zwischen den verschiedenen Gruppen oft genug handlungsgelähmte, Mehrheit besaßen. Der hohe Wert dieses schmalen Bandes liegt einerseits in der klaren Linienführung, andererseits in den zahlreichen neuen Quellenfunden, die dem Leser durch ausführliche Zitate zugänglich gemacht werden. Unter den neueren Biographien der herausragenden Politiker dieser Periode sind hervorzuheben: *Robert Blake*, Disraeli, London 1966, sowie die knappe Portraitskizze von *John Vincent*, Disraeli, Oxford 1990. Eine gut geschriebene, materialreiche Biographie Palmerstons bietet *Jasper Ridley*, Lord Palmerston, London 1970. Die modernen Züge an Palmerston betont *E. D. Steele*, Palmerston and Liberalism, 1855–1865, Cambridge 1991. *Richard Shannon*, Gladstone, Vol. I, 1809–1865, London 1982, ist etwas zu detailliert, macht aber Gladstones Tendenz zur Moralisierung politischer Fragen hervorragend deutlich. (Sie kommt noch stärker zum Ausdruck in der älteren Arbeit von *Richard Shannon*, Gladstone and the Bulgarian Agitation 1876, Hassocks 1975².) Besonders wertvoll durch die intensive Auswertung von Gladstones Tagebüchern sind die beiden Bände von *H. C. G. Matthew*, Gladstone, 1809–1874, Oxford 1986; *Ders.*, Gladstone 1875–1898, Oxford 1995. Eine ausgezeichnete Biographie ist *Nicholas C. Edsall*, Richard Cobden, Independent Radical, Cambridge, Mass. 1986. Es ist einigermaßen überraschend, dort zu lesen, daß Cobden dem englischen Bürgertum ausgerechnet das deutsche Bürgertum als Vorbild vor Augen hielt und die Anti-Corn Law League zum deutschen Hansebund des Mittelalters in Beziehung setzte. Weniger befriedigend ist *Keith Robbins*, John Bright, London 1979.

VII. Eine ungemein klare, fakten- und perspektivenreiche Zusammenfassung der letzten 120 Jahre britischer Geschichte gibt *Martin Pugh*, State and Society, British Political and Social History 1870–1992, London 1994. Allenfalls kann man dem Autor vorwerfen, daß er die Brisanz des Irlandproblems vor 1914 unterschätzt, die Situation der Liberalen Regierung vor dem Ersten Weltkrieg zu optimistisch beurteilt und überhaupt den Liberalen etwas zu wohlwollend gegenübersteht. Das sind jedoch geringe Einwände gegen ein Buch, das besonders auch durch die Verknüpfung von politischer Geschichte und Sozialgeschichte beeindruckt. Eine ganz hervorragende, regionale und lokale Besonderheiten berücksichtigende sozialgeschichtliche Zusammenfassung bietet *José Harris*, Private Lives, Public Spirit, A Social History of Britain 1870–1914, London 1993. Die ökonomische Schwächung und das Schwinden der politischen Macht der Aristokratie werden eindrucksvoll und detailliert dargestellt von *David Cannadine*, The Decline and Fall of the British Aristocracy, New Haven 1990. Den Verfassungskonflikt und die Wahlen von 1910 behandelt ausführlich *Neal Blewett*, The Peers, the Parties and the People, London 1972. Der historische Hintergrund des irischen Problems, das in den Jahren vor dem Ersten Weltkrieg erbitterte Auseinandersetzungen auslöste und in Nordirland zu einem Bürgerkrieg zu führen drohte, wird vorzüglich dargestellt von dem irischen Historiker *R. F. Forster*, Modern Ireland 1600–1972, Harmondsworth 1989. Der Verfasser erwähnt in seiner revisionistischen Geschichte für den irischen Nationalismus so unbequeme Tatsachen wie die Kriegsbegeisterung der Iren im Jahre 1914. Noch subtiler wird das höchst komplexe englisch-irische Verhältnis behandelt in der Aufsatzsammlung von *R. F. Foster*, Paddy and Mr. Punch, Connections in Irish and English History, London 1993. Die beste Gesamtdarstellung britischer Geschichte in der Zeit vom Ersten bis zum Zweiten Weltkrieg ist nach wie vor *A. J. P. Taylor*, English History 191–1945, Oxford 1965. Einen guten Überblick über Wahlen und Parteien gibt *Martin Pugh*, The Making of Modern British Politics 1867–1939, Oxford 1982. Für ein Verständnis der Klassenverhältnisse sowie ihres Zusammenhangs mit der Wahlrechts- und Parteienentwicklung unentbehrlich ist die Aufsatzsammlung von *Ross McKibbin*, The Ideologies of Class, Social Relations in Britain 1880–1950, Oxford 1990. Die sozialen Zielvorstellungen sowie die Stimmungen der Kriegszeit und der Nachkriegsperiode werden eingefangen von *Paul Addison*, The Road to 1945, British Politics and the Second World War, London 1982, und *Ders.*, Now the War is Over, A Social History of Britain 1945–51, London 1986. Die Ernüchterung eines englischen Schriftstellers, der nach Kriegsausbruch mit einer revolutionären Erneuerung der britischen Gesellschaft rechnete, sich in dieser Erwartung aber bald getäuscht sah, beschreibt *Hans-Christoph Schröder*, George Orwell, Eine intellektuelle Biographie, München 1988. Eine eigenartige, gleichwohl faszinierende Mischung von farbigem Stimmungsbild und historischer Analyse bietet

*Paul Hennessy*, Never Again, Britain 1945–1951, London 1992. Für den Regierungswechsel des Jahres 1945 und die darauffolgenden drei Jahrzehnte britischer Geschichte (einschließlich der Beatles) sind heranzuziehen: *Kenneth O. Morgan*, Labour in Power, Oxford 1984; *Ders.*, The People's Peace, British History 1945–1989, Oxford 1990. Eine Sammlung von Portraits der wichtigsten Labour-Führer bietet *Ders.*, Labour People, Leaders and Lieutenants, Hardie to Kinnock, Oxford 1987.

VIII. Nicht ganz befriedigende Gesamtdarstellungen der imperialen Entwicklung sind *T. O. Lloyd*, The British Empire 1558–1983, Oxford 1984; *Lawrence James*, The Rise and Fall of the British Empire, London 1994. Die diesen Büchern fehlende analytische Kraft und begriffliche Schärfe finden sich bei *Jürgen Osterhammel*, Kolonialismus, Geschichte – Formen – Folgen, München 1995. Neue Ansätze und Fragestellungen zur britischen Kolonialgeschichte des 17. und 18. Jahrhunderts bietet der sich gegen eine anglozentrische Perspektive wendende Sammelband von *Bernard Bailyn* u. *Philip D. Morgan (Hrsg.)*, Strangers within the Realm, Cultural Margins of the First British Empire, Chapel Hill 1991. Die Wirtschaft der nordamerikanischen Kolonien Englands und ihr Zusammenhang mit dem Empire werden hervorragend dargestellt von *John J. McCusker* u. *Russell R. Menard*, The Economy of British America 1607–1789, Chapel Hill 1985. Die Kooperation englischer und nordamerikanischer Interessengruppen und das Abbrechen dieser Verbindungen am Vorabend der Amerikanischen Revolution werden herausgearbeitet von *Alison Gilbert Olson*, Making the Empire Work, London and American Interest Groups 1690–1790, Cambridge, Mass. 1982. Zur Amerikanischen Revolution und ihren Ursachen vgl. *Hans-Christoph Schröder*, Die Amerikanische Revolution, München 1982. Das zweite britische Empire wird mit starker Betonung des militärisch-autoritären Elements skizziert von *C. A. Bayly*, Imperial Meridian, The British Empire and the World 1780–1830, London 1989. Eine gute Darstellung der britischen Expansion und des Empire in der Hochphase des Imperialismus gibt *Bernard Porter*, A Short History of British Imperialism 1850–1970, London 1984[2]. Einen ausgezeichneten Überblick über die Phase der Dekolonisation bietet *John Darwin*, Britain and Decolonisation, The Retreat from Empire in the Post-War World, London 1988. Darwin rekonstruiert die einzelnen Etappen des Rückzugs aus dem kolonialen Bereich und zeigt die noch lange bestehenden britischen Illusionen auf. Eine materialreiche Studie über die propagandistische Seite des britischen Imperialismus ist *John M. MacKenzie*, Propaganda and Empire, The Manipulation of British Public Opinion 1880–1960, Manchester 1984. MacKenzie zeigt, daß die imperialistische Propaganda erst nach dem Ersten Weltkrieg ganz eingespielt war und die sie tragenden Institutionen oder Gruppen voll etabliert waren, als der eigentliche Höhepunkt des Imperialismus bereits überschritten war. Er stellt auch besonders die Verbindung zwischen Imperialismus und Monarchismus heraus.

Die wichtigste Studie über die neue Selbstdarstellung der Monarchie und einen popularen Monarchismus seit dem letzten Viertel des 19. Jahrhunderts ist *David Cannadine*, The Context, Performance and Meaning of Ritual: The British Monarchy and the ‚Invention of Tradition', c. 1820–1977, in: *Eric Hobsbawm* u. *Terence Ranger (Hrsg.)*, The Invention of Tradition, Cambridge 1984, S. 101–164. Seltsamerweise übersieht Cannadine jedoch die von seiner Frau, Linda Colley, aufgewiesenen Vorläufer eines volkstümlichen Royalismus zur Zeit der Kriege gegen das revolutionäre und napoleonische Frankreich. Eine scharfe Abrechnung mit der britischen Monarchie, die von ihm als entscheidendes Modernisierungshemmnis betrachtet wird, findet sich bei *Stephen Haseler*, The End of the House of Windsor, London 1993. Eine Reihe von zeitgenössischen Kommentaren, die zumeist kritisch sind und unter dem Eindruck der momentanen Diskreditierung der Monarchie infolge der Ehezwiste in der Königsfamilie geschrieben wurden, wurde zusammengestellt von *Anthony Barnett (Hrsg.)*, Power and the Throne, The Monarchy Debate, London 1994.

Die sich wandelnden Voraussetzungen der britischen Stellung in der Welt werden hervorragend zusammengefaßt durch *Paul M. Kennedy*, The Rise and Fall of British Naval Mastery, London 1983, und *Bernard Porter*, Britain, Europe and the World 1850–1986: Delusions of Grandeur, London 1987$^2$. Eine überaus kritische Darstellung der britischen Außen- und Weltpolitik, die als Ausweichen vor den inneren Problemen des Landes interpretiert wird, gibt *Robert Holland*, The Pursuit of Greatness, Britain and the World Role, 1900–1970, London 1991. Einen Einblick in die restriktiven Bedingungen außenpolitischen Handelns und deren Einfluß auf die Leiter der britischen Politik in der Zwischenkriegszeit geben die knappen Zusammenfassungen von *Michael Howard*, The Continental Commitment, The Dilemma of British Defence Policy in the Era of Two World Wars, Harmondsworth 1974; *Keith Robbins*, Appeasement, Oxford 1988. Das durch den Soldatentod eines ihm sehr nahestehenden Verwandten bedingte persönliche Element in Chamberlains Ablehnung des Krieges wird herausgearbeitet von *Larry William Fuchser*, Neville Chamberlain and Appeasement, New York 1982. Eher zur partiellen Benutzung als zum vollständigen Lesen geeignet sind die acht voluminösen Bände der von *Randolph S. Churchill* begonnenen und von *Martin Gilbert* fortgesetzten großen Churchillbiographie (London 1966–1988). Gilbert hat ihnen ein Buch mit persönlichen Reminiszenzen an seine detektivische Arbeit für diese Biographie und Erinnerungen von Mitarbeitern Churchills folgen lassen, das zuweilen das Hagiographische streift (*Martin Gilbert*, In Search of Churchill, A Historian's Journey, London 1994). Als Gegengewicht dazu ist empfehlenswert die überscharfe Charakterisierung Churchills durch *David Cannadine*, Winston Churchill as an Aristocratic Adventurer, in *Ders.*, Aspects of Aristocracy, New Haven 1994, S. 130–162. Die neueste einbändige Biographie ist *Norman Rose*, Churchill, An Unruly Life, London 1994. Wie sehr die Konservative Unterhausfraktion auch nach dem Rücktritt Neville Chamberlains mit diesem sympathisierte und wie widerstrebend sie sich mit Churchill abfand, zeigt *Andrew Roberts*, Eminent Churchillians, London 1994. Dieses Buch gibt auch interessante Aufschlüsse über die Unterstützung Chamberlains und seiner Appeasementpolitik durch die Königsfamilie. Den Innenpolitiker Churchill beleuchtet mit etwas zu starker Hervorhebung seines sozialpolitischen Engagements *Paul Addison*, Churchill on the Home Front 1900–1955, London 1992.

IX. Eine kritische Biographie Margaret Thatchers ist *Hugo Young*, One of Us, London 1990. Erste Bestandsaufnahmen der Ära Thatcher bieten: *Peter Riddell*, The Thatcher Decade, How Britain has Changed During the 1980s, Oxford 1989; *Dennis Kavanagh*, Thatcherism and British Politics, The End of Consensus? Oxford 1990[2]; *Andrew Adonis* u. *Tim Hames (Hrsg.)*, The Thatcher-Reagan Decade in Perspective, Manchester 1994. Den Versuch einer Beurteilung der Politik John Majors unter dem Gesichtspunkt der Kontinuität bzw. Nichtkontinuität in bezug auf den Thatcherismus unternehmen die Autoren des Sammelbandes von *Dennis Kavanagh* u. *Anthony Seldon (Hrsg.)*, The Major Effect, London 1994. Einblicke in die Vorstellungen Tony Blairs und die Zielsetzungen von New Labour geben: *Peter Mandelson* u. *Roger Liddle (Hrsg.).* The Blair Revolution, Can New Labour Deliver?, London 1996; *Giles Radice (Hrsg.)* What Needs to Change, New Visions For Britain, London 1996. Einen (zumeist nur vage angedeuteten) „dritten Weg", der sich von dem des Neoliberalismus ebenso wie von der alten Sozialdemokratie unterscheidet, skizziert der Blair nahestehende Soziologe *Anthony Giddens*, The Third Way, The Renewal of Social Democracy, Cambridge 1998. Einen vorzüglichen und sehr lesbaren Überblick über die Geschichte der Konservativen Partei von Robert Peel bis William Hague bietet *John Ramsden*, An Appetite for Power. A History of the Conservative Party, London 1998. Über die Möglichkeiten einer diesen Namen wirklich verdienenden Oberhausreform unterrichten *Ivor Richard* und *Damien Welfare*, Unfinished Business, Reforming the House of Lords, London 1999.

X. Die Herausbildung des Konzepts der Parlamentssouveränität behandelt *Ferdinand Mount*, The British Constitution Now, London 1992. Mount zeigt, wie es im Zusammenhang mit der Auseinandersetzung um Home Rule für Irland durch den Verfassungsrechtler Dicey eine äußerste Zuspitzung erfuhr. Eine spannend geschriebene, gelegentlich überpointierte Darstellung der Machterweiterung der Exekutive im Großbritannien des 20. Jahrhunderts gibt *Bruce P. Lenman*, The Eclipse of Parliament, Appearance and Reality in British Politics since 1914, London 1992. Die

Parlamentssouveränität ist nach Lenman zu einem rhetorischen Mittel geworden, um die demokratische Einflußnahme der Briten zu verhindern und dem Führer der Parlamentsmehrheit eine kaum beschränkte Machtvollkommenheit zu verleihen. Die wirtschaftlichen Nachteile der Konzentration politischer Macht in Großbritannien betont *Will Hutton*, The State We're In, London 1995. Hutton behauptet, der „halbmoderne Charakter des britischen Staates" sei eine fundamentale Ursache der wirtschaftlichen und sozialen Probleme des Landes. Er vertritt die sehr einleuchtende These, daß die Idee der Parlamentssouveränität sich in dem für eine langfristige, stabile industrielle Entwicklung nachteiligen Konzept der Aktionärssouveränität und der unbeschränkten Unternehmensführung (ohne Arbeitermitbestimmung) widerspiegele. Mount, Lenman und Hutton verweisen in ihrer Kritik an der Parlamentssouveränität und den neoabsolutistischen Tendenzen Großbritanniens auf die alte freiheitliche Tradition Englands, an die sie wieder anknüpfen wollen.

# Regententabelle*

*Angelsächsische Könige in England (Wessex)*

| | |
|---|---|
| 871–899 | Alfred d. Große |
| 899–925 | Edward der Ältere |
| 925–939 | Athelstan |
| 939–946 | Edmund |
| 946–955 | Edred |

*Angelsächsische und dänische Könige von England*

| | |
|---|---|
| 955–959 | Edwy |
| 959–975 | Edgar |
| 975–979 | Edward d. Märtyrer |
| 979–1013 | Ethelred |
| 1013–1014 | Swegn Forkbeard |
| 1014–1016 | Ethelred |
| 1016 | Edmund Ironside |
| 1016–1035 | Knut |
| 1035–1040 | Harold Harefoot |
| 1040–1042 | Harthaknut |
| 1042–1066 | Edward d. Bekenner |
| 1066 | Edgar Etheling (ungekrönt) |

*Normannische Könige*

| | |
|---|---|
| 1066–1087 | Wilhelm I. d. Eroberer |
| 1087–1100 | Wilhelm II. Rufus |
| 1100–1135 | Heinrich I. |
| 1135–1154 | Stephan |

*Anjou–Plantagenet*

| | |
|---|---|
| 1154–1189 | Heinrich II. |
| 1189–1199 | Richard I. Löwenherz |
| 1199–1216 | Johann Ohneland |
| 1216–1272 | Heinrich III. |
| 1272–1307 | Eduard I. |
| 1307–1327 | Eduard II. |
| 1327–1377 | Eduard III. |
| 1377–1399 | Richard II. |

*Lancaster*

| | |
|---|---|
| 1399–1413 | Heinrich IV. |
| 1413–1422 | Heinrich V. |
| 1422–1461 u. 1470–1471 | Heinrich VI. |

*York*

| | |
|---|---|
| 1461–1483 | Eduard IV. |
| 1483 | Eduard V. |
| 1483–1485 | Richard III. |

*Tudor*

| | |
|---|---|
| 1485–1509 | Heinrich VII. |
| 1509–1547 | Heinrich VIII. |
| 1547–1553 | Eduard VI. |
| 1553 | Jane |
| 1553–1554 | Maria |
| 1554–1558 | Philip u. Maria |
| 1558–1603 | Elisabeth I. |

*Stuart*

| | | |
|---|---|---|
| 1603–1625 | Jakob I. | |
| 1625–1649 | Karl I. | |
| 1649–1660 | Republik | |
| | 1649–1653 | Commonwealth |
| | 1653–1658 | Oliver Cromwell Lord Protektor |
| | 1658–1659 | Richard Cromwell Lord Protektor |
| | 1659–1660 | Commonwealth |
| 1660–1685 | Karl II. | |
| 1685–1688 | Jakob II. | |
| 1688–1689 | Interregnum | |
| 1689–1694 | Wilhelm III. und Maria II. | |
| 1694–1702 | Wilhelm III. | |
| 1702–1714 | Anna | |

*Hannover-Windsor*

| | |
|---|---|
| 1714–1727 | Georg I. |
| 1727–1760 | Georg II. |
| 1760–1820 | Georg III. |
| 1820–1830 | Georg IV. |
| 1830–1837 | Wilhelm IV. |
| 1837–1901 | Viktoria |
| 1901–1910 | Eduard VII. |
| 1910–1936 | Georg V. |
| 1936 | Eduard VIII. |
| 1936–1952 | Georg VI. |
| 1952–heute | Elisabeth II. |

---

\* Quelle: C. R. Chenney (Hrsg.), Handbook of Dates (= Royal Historical Society. Guides and Handbooks No. 4), London 1991.

# Namen- und Sachregister

Absolutismus 28, 44
Act of Settlement 32 f.
Adel 17 f., 21 f., 25, 28, 37, 39–42, 46 f., 51 f., 59, 61 f., 65, 74, 102 f., 110, 119, 122; s. a. Aristocracy, Aristokratie, Gentry
Adelsherrschaft 37, 40, 47, 51, 58–62, 64, 119
Afrika 76
Albert, Prinzgemahl 85
Alfred der Große 9 f.
Altersversorgung 73
Amerikanische Revolution 125
Amerikanischer Unabhängigkeitskrieg 53, 82 f.
Anglikanische Staatskirche, Anglikaner 30, 46
Antimilitarismus 46
Appeasementpolitik 71, 87, 127
Arbeiterschaft, Arbeiterbewegung 49, 52, 56, 68–71, 73, 91, 94
Arbeitslosenunterstützung 70, 72
Arbeitslosenversicherung 73
Arbeitslosigkeit 74, 94, 115
Arendt, Hannah 102
Aristocracy 37 ff., 41, 47
Aristokratie 38, 60, 65, 120, 124
Armee, Heer 19, 21, 28, 31, 45 f., 51, 58, 76, 80, 82, 86, 102
Arme, Armut 47, 115
Armenfürsorge, Armengesetze (Poor Laws) 22, 47, 62, 67, 73, 91, 98, 121; s.a. New Poor Law
Asquith, Herbert 69
Attlee, Clement 74 ff., 95
Außenpolitik 71, 76, 84, 126

Bagehot, Walter 55, 107
Baldwin, Stanley 70, 87, 91

Bamford, Samuel 63
Bevan, Aneurin 73, 75
Beveridge Report 72, 74, 112
Bevin, Ernest 71 f., 75
Blair, Tony 96 f., 99 ff., 104, 127
Boroughs 10, 16 ff., 38, 56, 58, 109
Burenkrieg 65, 84, 92
Bürgerkrieg 20, 29, 65, 124
Bürgertum 37 f., 40 f., 44, 47, 53 f., 56 f., 59 ff., 89, 92, 102, 110, 123; s. a. Mittelklassen, Mittelschichten
Burke, Edmund 35, 38
Byron, Lord 63

Carlyle, Thomas 52
Chamberlain, Joseph 76, 84
Chamberlain, Neville 70 f., 87, 114, 127
Chartismus, Chartisten 52 f., 56, 62, 68, 121
Churchill, Winston 71 f., 74, 87, 91 f., 110 f., 113 f., 126 f.
Clark, Alan 116
Cobden, Richard 60, 75, 123
Collective bargaining 68
Common Law 15, 19
Commonwealth of Nations 77 f., 88, 95
Counties s. Grafschaften
Country-Ideologie 62
County Courts 11, 18
Cromwell, Oliver 29
Cromwell, Richard 29

Danegeld 10
Declaration of Rights 31
Dekolonisation 125
Demokratie, Demokratisierung 58, 64–67, 69, 71, 73, 85

Deutschland 9, 19, 71, 75, 79 f., 86 f., 112, 113
Disraeli, Benjamin 59, 61, 98
Dominions 77, 88
Dreißigjähriger Krieg 28

East India Company 81, 83
Eden, Anthony 74, 112
Ehrerbietung (deference) 60, 73, 123
Eigentum 12, 28, 41, 52, 67, 103
Einhegungen (enclosures) 48, 102
Eliot, George 57
Elisabeth I. 21 f., 24–28, 47, 80, 117 f.
Empire 76 ff., 81, 83 ff., 88, 125 f.
Englische Revolution 12, 29 f., 38, 46, 52, 118
Erster Weltkrieg 67 f., 71, 73, 77, 80, 86 f., 91 f., 110 f., 124 f.
Europa, europäischer Kontinent 9, 12 ff., 32, 38, 51, 65, 79 f., 86, 90, 96.
EWG 77

Falklandkrieg 95
Feudalismus 13, 18, 60
Flotte, Marine 45, 48, 66, 79 ff., 86
Fortescue, Sir John 24
Fox, Charles James 107
Frankreich 13 f., 18, 21, 24, 31, 33, 35 f., 40 f., 45, 51 f., 78 ff., 82, 84, 87, 114, 120, 126
Französische Revolution 51 f., 54, 120 f.
Frauen 67, 121
Freihandel, Freihandelsbewegung 60 f., 83 f., 110
Freiheit, Freiheitsrechte 9, 14, 23, 31 f., 35, 44 ff., 62, 79, 99, 107, 116
Friedensrichter (Justices of the Peace) 22 f., 30, 40, 48
Führungsschichten 27 f., 30, 39 f., 51, 56 f., 59 f., 62

Gaitskell, Hugh 77
Generalstreik 70, 91
Gentry 17, 37–41, 56, 59, 108; s. a. Adel, Aristocracy, Aristokratie
Georg I. 33
Georg II. 33
Georg III. 35 f., 38, 85, 107
Georg IV. 85
Georg V. 66
George, Lloyd 66, 69, 73
Getreidezölle (corn laws) 59 ff., 110
Gewerkschaften 68, 90, 94
Gladstone, William Ewart 61, 65, 93, 123
Gleichgewicht, Gleichgewichtspolitik 80 f.
Glorreiche Revolution 32, 99, 118 f.
Gordon Riots 49
Gradualismus, gradueller Wandel 55, 65, 67
Grafschaften 11, 16 ff., 22 f., 30, 37, 40, 56
Grey, Charles, Earl 55, 58
Grundbesitz, Großgrundbesitz 37, 110 f.
Grundbesitzer 41 f., 56, 59, 92
Grundrechte 99, 102

Halifax, Earl of 87, 113 f.
Hardie, Keir 68
Haus Hannover 32 f., 35, 62
Hazlitt, William 63
Heath, Edward 93
Hegemonie 9, 39 f., 68, 80 f., 113
Heinrich III. 14
Heinrich VIII. 23 ff.
Herzen, Alexander 61
Hitler, Adolf 87
Hobbes, Thomas 19, 30
Hogg, Quintin 112
Hoggart, Richard 49
Home Rule 65, 127

House of Lords s. Oberhaus
House of Commons s. Unterhaus
Hundertjähriger Krieg 78
Hunt, Henry 57

Imperialismus 83 f., 125 f.
Independent Labour Party 68
Indien 76, 81, 83 f., 87 f.
Individualismus 12, 93
Industrie 74, 84, 89, 104, 122 f.
Industrielle Revolution 42, 54, 61, 89, 97, 104, 122
Informal Empire 76
Irland 36, 65 f., 78, 124, 127

Jakob I. 28
Jakob II. 30 ff.
James, Henry 63
Jenkins, Lord 116
Johann Ohneland 14
Justices of the Peace s. Friedensrichter

Kanada 81
Kapitalismus 89, 103
Karl I. 28 f., 81, 118
Karl II. 30 f.
Katholiken 28, 30, 32, 36, 55
Keynes, John Maynard 74
Kirchen 23 ff., 30, 38, 41, 46, 65, 103
Koalitionsregierungen 69–72
Kolonien, Kolonialpolitik 45, 76, 78–83, 125
Königtum, Krone, Monarchie 10 ff., 15, 19, 21 ff., 25 f., 29 f., 32 ff., 40, 55, 68, 77 f., 84 f., 88, 101 f., 107, 118, 126
Konsenspolitik 90, 93
Konservative, Konservative Partei 58 f., 61, 64 f., 69 ff., 76 f., 84, 87, 90 ff., 96 f., 111, 120, 127
Korruption 35, 53, 55, 98
Krankenversicherung 73

Labour Party 68 ff., 73, 75 ff., 94, 96 f., 100, 123
Labour Representation Committee 68
Laisser faire 94
Landarbeiter 64
Landwirtschaft 41, 59
Langes Parlament 28
Legislaturperiode 34, 66, 98
Levellers 52, 102
Liberale, Liberale Partei 53, 58, 61, 65 f., 68 ff., 73, 92 f., 123 f.
London 10, 43, 46, 49, 64

Macaulay, Thomas Babington 57
MacDonald, Ramsay 70
Macmillan, Harold 74, 76 f., 91
Magna Carta 14 ff., 19, 30
Major, John 96, 127
Manchester 42 f., 54, 109
Milner, Alfred 92 f.
Mittelklassen, Mittelschichten 46, 53, 57, 60 f., 68 f.; s.a. Bürgertum
Moderne, Modernisierung, Modernität 51, 88, 101 f., 104
Monarchie s. Königtum
Möser, Justus 41
Mussolini, Benito 114

Napier, Sir Charles 62
Napoleon 36
Napoleonische Kriege 41, 45, 52, 82 ff., 114, 120 f., 126
New Poor Law 94, 98, 121
Newcastle, Duke of 38
Niederlande 31, 79 f., 82 f.
Nonkonformismus, Nonkonformisten 30, 46 f., 61, 65, 103
Normannen 12 f.
North, Lord 53

Oberhaus 25 f., 34, 37 f., 55, 58, 64 ff., 103 f., 111

Opposition 14, 35, 54, 65, 92, 96
Orwell, George 63, 87

Pächter 56
Palmerston, Lord 58 f., 61, 123
Parlament 16 ff., 23 ff., 28 f., 31 ff., 42 f., 47 ff., 52 ff., 67, 88, 101 f., 106 f., 117 f., 127 f.;
s.a. Oberhaus, Unterhaus
Parlamentarische Monarchie 33, 37, 101
Parlamentsreform 52–57, 60, 64, 122 f.
Parteien 36, 58, 69, 119, 124
Parteiensystem 36, 54, 58, 68
Patronage 21, 34 ff.
Peel, Sir Robert 46, 60, 92
Peers 38, 58, 65, 103
Pitt, William (der Jüngere) 35 f., 52, 92
Politische Kultur 49, 53
Polizei 46
Privatisierung 94, 96
Privilegien 15, 43, 63, 101
Protestanten, Protestantismus 28, 31, 46, 55, 61
Puritaner, Puritanismus 29, 118

Radikale, Radikalismus 52 f., 59, 62 f., 105, 107, 120 f.
Reformation 25
Reformationsparlament 23 f.
Reformen, Reformpolitik 35, 51 ff., 55 ff., 67, 75, 122
Religion 24 f., 28, 30, 46, 102, 118
Repräsentation 16 ff., 29, 37, 42 f., 55 f., 58, 109
Riots (Volksunruhen) 47 ff., 119
Rockingham, Lord 35
Rosebery, Lord 66
Rosenkriege 19, 21
Rowntree, Seebohm 74
Rußland 113
Rüstung, Rüstungsausgaben 66, 75, 80

Salisbury, Lord 92
Sampson, Anthony 99
Schmitt, Carl 113
Schottland, Schotten, 26, 28, 51, 56, 82, 99
Schutzzölle 84, 92; s.a. Getreidezölle
Seeley, John 84
Selbstverwaltung 19, 40, 97, 99, 116
Shakespeare, William 21
Shires s. Grafschaften
Siebenjähriger Krieg 79, 81, 83
Smith, Sir Thomas 25
Souverän, Souveränität 19, 24, 26, 29 f.
Sowjetunion 75
Sozialimperialismus 77
Sozialismus 74, 77
Sozialpolitik 66, 75, 90, 122, 127
Spanien 44, 75, 78 f., 82
Staat 9, 19, 30, 32 f., 37, 40 f., 45, 47, 52, 60, 65, 76, 78, 99, 101, 111, 128
Stabilisierung 33, 44, 118, 123
Städte 10, 17, 42 f., 47, 54, 78 f., 92, 123
Sterblichkeitsrate 115
Steuerbewilligung 16 ff., 25, 31
Steuern 16, 31, 53, 56, 66
Streiks 94; s.a. Generalstreik
Stuart, Maria 26
Stuarts 26, 28, 31, 33, 35
Suez-Krise 88

Thatcher, Margaret 90–98, 114 ff., 120
Thatcherismus 89 ff., 114 ff.
Thompson, James 79
Thronfolge 32
Tories, Toryismus 33, 58, 62, 74, 92, 109, 120
Triennial Act 31
Trollope, Anthony 60
Tudors 21, 23 f.

Unterhaus 26, 31, 34, 37 f., 43, 47, 52 ff., 64 ff., 68, 72, 96
Unterschichten 37, 40, 46 ff., 56, 91, 94

Vereinigte Staaten 75 f., 84, 86, 88, 102, 113
Verfassung, Verfassungsordnung 20, 24, 33, 53, 55, 59, 66, 99 f., 101 f., 107, 119, 124
Viktoria, Königin 84 f.
Viktorianismus, Viktorianische Werte 93 f., 115
Virginia Company 81
Volkssouveränität 102
Vollbeschäftigung 74 f., 90
Wahlen 34, 43, 48, 52, 55, 61, 65 f., 68 ff., 72, 94 ff., 120, 124
Wahlrecht 52 f., 56, 58, 62, 64, 67, 69, 111, 122 f., 124
Wahlrechtsreformen 52
– 1832 55 ff., 122 f.
– 1867 58, 122 f.
– 1884 64 f.
– 1918 67, 69, 111
– 1928 67

Walpole, Sir Robert 33 ff., 47, 119
Weber, Max 29, 40, 108, 111
Westindische Inseln 81
Whigs 33, 35, 54, 57 f., 59, 62, 65, 68, 109, 122
Wikinger 9 f.
Wilhelm der Eroberer 12
Wilhelm IV. 85
Wihlem von Oranien 31
Wilson, Harold 77, 88
Winchester 10
Winstanley, Gerrard 12
Wohlfahrtsstaat 73, 90, 121
Wordsworth, William 39

Yorktown 82

Zentralgewalt 10, 13, 15, 21 ff., 62, 97 f.
Zentralisierung 9, 98 f.
Zweiter Weltkrieg 71, 73, 76, 87, 90 f., 94, 124

# C.H.BECK ■ WISSEN
in der Beck'schen Reihe

Zuletzt erschienen:

- 2021: Faroqhi, **Geschichte des Osmanischen Reiches**
- 2046: Schön, **Bakterien**
- 2055: Gelfert, **Shakespeare**
- 2073: Clauss, **Das alte Israel**
- 2074: Funke, **Athen in klassischer Zeit**
- 2085: Lilie, **Byzanz**
- 2101: Demandt, **Die Kelten**
- 2104: Herrmann, **Antimaterie**
- 2105: Malitz, **Nero**
- 2106: Kloft, **Mysterienkulte der Antike**
- 2107: Wiesehöfer, **Das frühe Persien**
- 2108: Graf, **Der Protestantismus**
- 2109: Bobzin, **Der Koran**
- 2110: Meissner, **Geschichte der Erde**
- 2111: Bernecker, **Spanische Geschichte**
- 2112: Pfahl-Traughber, **Rechtsextremismus in der Bundesrepublik**
- 2113: Stehr/Storch, **Klima, Wetter, Mensch**
- 2114: Wahrburg/Assmann, **Cholesterin**
- 2116: Vorländer, **Die Verfassung**
- 2117: Mertens, **Traum und Traumdeutung**
- 2118: Reinhardt, **Geschichte Italiens**
- 2119: Wirsching, **Psychotherapie**
- 2120: Becher, **Karl der Große**
- 2121: Linke, **Das Gehirn**
- 2122: Walther/Walther, **Was ist Licht?**
- 2123: Ring/Zumbusch, **Neurodermitis**
- 2124: Hartmann, **Geschichte Frankreichs**
- 2125: Augustin/Schöpf, **Psoriasis**
- 2126: Schmidt-Glintzer, **Das neue China**
- 2128: Röhrich, **Die politischen Systeme der Welt**
- 2129: Schimmel, **Sufismus**
- 2130: Schorn-Schütte, **Karl V.**
- 2131: Hammel-Kiesow, **Die Hanse**
- 2132: Manthe, **Geschichte des römischen Rechts**
- 2133: Reinalter, **Die Freimaurer**
- 2134: Ueding, **Moderne Rhetorik**
- 2135: Krauss, **Die Engel**
- 2136: Wolters, **Die Römer in Germanien**
- 2137: Sautter, **Geschichte Kanadas**
- 2138: Wuketits, **Evolution**
- 2139: Tölle, **Depressionen**
- 2140: Jäger, **Allergien**
- 2141: Leppin, **Die Kirchenväter und ihre Zeit**
- 2142: Roloff, **Jesus**
- 2143: Steinbach, **Geschichte der Türkei**
- 2144: Bobzin, **Mohammed**
- 2145: Halm, **Der Islam**
- 2147: Remschmidt, **Autismus**
- 2148: Matz, **Die 1000 wichtigsten Daten der Weltgeschichte**
- 2202: Schmidt, **Brahms Symphonien**
- 2205: Scholz, **Bachs Passionen**
- 2206: Revers, **Mahlers Lieder**